南开大学爱国主义教育丛书

刘凤义 总主编

在薪火传承中彰显

青春担当

南开大学党委宣传部 编

南开大学师生弘扬红色
文化实践与探索案例集

南开大学出版社
NANKAI UNIVERSITY PRESS

天津

图书在版编目(CIP)数据

在薪火传承中彰显青春担当：南开大学师生弘扬红
色文化实践与探索案例集 / 南开大学党委宣传部编.
天津：南开大学出版社，2024.12. —(南开大学爱国
主义教育丛书).— ISBN 978-7-310-06662-9

Ⅰ. G641.4

中国国家版本馆 CIP 数据核字第 2024XF7945 号

版权所有　侵权必究

在薪火传承中彰显青春担当
————南开大学师生弘扬红色文化实践与探索案例集
ZAI XINHUO CHUANCHENG ZHONG ZHANGXIAN QINGCHUN DANDANG
——NANKAI DAXUE SHISHENG HONGYANG HONGSE WENHUA SHIJIAN YU TANSUO ANLIJI

南开大学出版社出版发行
出版人:刘文华
地址:天津市南开区卫津路 94 号　　邮政编码:300071
营销部电话:(022)23508339　营销部传真:(022)23508542
https://nkup.nankai.edu.cn

天津创先河普业印刷有限公司印刷　全国各地新华书店经销
2024 年 12 月第 1 版　2024 年 12 月第 1 次印刷
240×170 毫米　16 开本　18.5 印张　2 插页　265 千字
定价:86.00 元

如遇图书印装质量问题,请与本社营销部联系调换,电话:(022)23508339

编 委 会

本书主编：平　扬

编　　者：王泽璞　聂际慈

加强新时代爱国主义教育　为推进中国式现代化凝聚力量（代序）*

杨庆山　陈雨露

建设教育强国 · 教育笔谈

爱国主义是中华民族的民族心、民族魂，是中华民族生生不息、自立自强于世界民族之林的强大精神动力。当前，我们正在以中国式现代化全面推进中华民族伟大复兴。加强爱国主义教育，传承和弘扬爱国主义精神，必须围绕中国式现代化建设，为推进中国式现代化凝聚磅礴力量。

以中国式现代化全面推进民族复兴，是新时代加强爱国主义教育的主题

爱国主义是中华民族的优良传统，自古以来就流淌在中华民族血脉之中，激励着一代又一代中华儿女为祖国发展繁荣而不懈奋斗。中国共产党是爱国主义精神最坚定的弘扬者和实践者，100多年来，中国共产党团结带领全国各族人民不断从胜利走向新的胜利，创造了举世瞩目的中国奇迹，使中华民族迎来了从站起来、富起来到强起来的伟大飞跃，这一历史进程既是弘扬爱国主义精神的伟大实践，又不断为爱国主义注入新的生机活力，形成了民族复兴的强大精神力量。

爱国主义是具体的、现实的，在社会发展的不同阶段、不同时期，具有不同的时代主题。新时代新征程，中国共产党的中心任务就是团结带领

---

* 本文作者分别系南开大学党委书记、校长，原载于《光明日报》2024 年 01 月 16 日 15 版。

全国各族人民全面建成社会主义现代化强国、实现第二个百年奋斗目标，以中国式现代化全面推进中华民族伟大复兴。在当代中国，加强爱国主义教育，就是要把推进中国式现代化作为主题主线，教育引导全国人民在中国共产党的领导下，献身于以中国式现代化全面推进强国建设、民族复兴的伟大事业。

中国式现代化是中国共产党领导的社会主义现代化。推进中国式现代化，必须坚持党的领导，这直接关系中国式现代化的根本方向、前途命运、最终成败，只有毫不动摇地坚持党的领导，才能确保中国式现代化行稳致远、前景光明；党的性质宗旨、初心使命、信仰信念、政策主张决定了中国式现代化是社会主义现代化，而不是别的什么现代化，中国特色社会主义道路，是实现我国社会主义现代化的必由之路。实践证明，中国式现代化走得通、行得稳，是强国建设、民族复兴的唯一正确道路。在当代中国，爱国主义的本质是坚持爱国和爱党、爱社会主义高度统一，三者必然统一于全面推进中国式现代化的伟大实践中，这是爱国主义鲜活的、真实的体现。

弘扬爱国主义精神，为推进中国式现代化提供强劲精神力量

伟大的事业孕育伟大的精神，伟大的精神推进伟大的事业。中国式现代化是一项伟大而艰巨的事业，为了这一事业，无数先辈筚路蓝缕、披荆斩棘，进行了艰苦卓绝的奋斗，不仅为我国建设成为社会主义现代化强国奠定了坚实物质基础，也留下了团结奋斗的宝贵精神财富。党的十八大以来，党和国家事业取得历史性成就、发生历史性变革，推动我国迈上全面建设社会主义现代化国家新征程。今天，我们比历史上任何时期都更接近、更有信心和能力实现中华民族伟大复兴的目标。然而，前进的道路不会一帆风顺，推进中国式现代化必然会遇到各种不确定、难以预料的重大风险挑战、艰难险阻。克服前进道路上的重重困难，必须大力弘扬爱国主义精神，加强爱国主义教育，团结凝聚全国各族人民，为我们战胜各种风险挑战、艰难困苦提供强大精神动力。

在"两个大局"加速演进并深度互动的时代背景下，推进中国式现代化在国内国际面临诸多风险挑战。在面对日益多样化的利益诉求时，爱国主义最能增进共识、促进团结；在应对改革发展稳定、意识形态安全、党风廉政建设方面仍然存在薄弱环节等问题时，爱国主义最能激发勇于斗争、把握主动的精神力量，形成全国上下团结一心、同舟共济的奋斗局面。国际上，逆全球化思潮抬头，单边主义、贸易保护主义阴魂不散，世界经济复苏乏力，全球性问题加剧，霸权主义、强权政治依然威胁国际秩序。爱国主义是我们抵御西方霸权和文化渗透、维护国家安全和民族尊严的重要精神武器。

中国式现代化既基于自身国情、又借鉴各国经验，既传承历史文化、又融合现代文明，既造福中国人民、又促进世界发展。新时代，弘扬爱国主义精神要与扩大对外开放结合起来，坚持自信自立又胸怀天下，坚持立足中国又面向世界，弘扬具有国际视野的爱国主义，借鉴吸收人类一切优秀文明成果，在交流互鉴中实现互利共赢，推动构建人类命运共同体，创造人类文明新形态，形成推进中国式现代化的强大力量。

加强新时代爱国主义教育，高校要敢担当、有作为

弘扬爱国主义精神，必须把爱国主义教育作为永恒主题。高校是爱国主义教育的重要阵地，培养德智体美劳全面发展的社会主义建设者和接班人，首先要培养学生的爱国情怀。在新时代加强爱国主义教育，要把以中国式现代化推进强国建设、民族复兴作为主题，教育广大学生主动承担起青年一代的使命任务，自觉投身于中国式现代化的伟大事业。

一是利用好思想政治理论课主阵地。思政课是立德树人的关键课程，也是爱国主义教育的主阵地。高校加强新时代爱国主义教育，要主动将中国式现代化的理论与实践融入思政课教学中来，把学习教育成果转化为爱国报国的实际行动，培养学生的使命感、责任感和奋斗精神。高校要以习近平新时代中国特色社会主义思想为统领，围绕中国式现代化前沿问题建设思政课程群，积极推进"大思政课"建设，把我们党领导中国式现

代化的理论和实践，生动鲜活地融入教材、融入课堂、融入学生实践，让学生在润物无声中接受爱国主义教育。

二是促进爱国主义教育有机融入自主知识体系建设。推进中国式现代化必须加快自主知识体系建设，在构建并完善自主知识体系的过程中，充分挖掘各门学科的爱国主义教育元素和功能，寓爱国主义教育于自主知识体系建设中，让显性教育和隐性教育有机统一。高校要着力研究中国式现代化，推动以爱国主义为主线的自主知识体系建设。要突出中国式现代化的目标和任务，编写爱国主义系列教材，以中国式现代化为中心推出精品教材，在推动自主知识体系构建中，有声有势有氛围地让爱国主义精神融入各学科、各专业、各课程。

三是注重发挥文化浸润作用陶冶爱国品格。文化自信是一个国家、一个民族发展中最基本、最深沉、最持久的力量。中国式现代化深深植根于中华优秀传统文化，高校要把推进中国式现代化的爱国情怀融入校园文化，发挥文化浸润作用，做好开学和毕业典礼上的爱国主义教育，充分发挥好红色文化弘扬基地和爱国主义教育基地的育人作用。发扬高校的优良传统，如南开大学发扬话剧文化传统，创排《周恩来回南开》《杨石先》《诗教绵绵》等系列爱国主义原创精品话剧，大力传承弘扬老一辈革命家的精神风范、科学家精神、教育家精神，使之内化为面向新时代的精神追求，外化为推进中国式现代化的自觉行动。

四是在报国实践中强化爱国情怀养成。爱国，不能停留在口号上，而是要把自己的人生理想同祖国的前途、民族的命运紧密联系在一起。爱国主义最终应该体现在推动中国式现代化的实践中。南开大学要始终坚持扎根中国大地办教育，积极引导学生"知中国、服务中国"，自觉投入到中国式现代化的伟大实践中。如围绕推动农业农村现代化和乡村振兴，到全国各地建设乡村工作站，组建师生实践团队赴乡村一线，发挥专业优势设计、开展实践项目，引导学生切实把小我融入大我，在推动中国式现代化的实践中培养学生爱国情怀。

习近平总书记考察调研南开大学时亲切勉励师生，只有把小我融入大我，才会有海一样的胸怀、山一样的崇高。高校要坚持为党育人、为国育才，高扬爱国主义旗帜，努力为推进中国式现代化凝聚起磅礴的青春力量！

目　录

南开大学紧紧围绕立德树人根本任务

——把小我融入大我，作出新的历史贡献[*]

成立于 1919 年的南开大学，是一所具有光荣爱国传统的名校，今年 10 月 17 日迎来建校 105 周年。

2019 年 1 月 17 日，习近平总书记来到南开大学考察调研，勉励师生们把学习奋斗的具体目标同民族复兴的伟大目标结合起来，把小我融入大我，立志作出我们这一代人的历史贡献。

脚踏实地，砥砺前行。以新时代爱国主义教育统领德智体美劳"五育并举"，南开大学紧紧围绕立德树人根本任务，加快一流大学和一流学科建设，激励学子到祖国最需要的地方书写青春华章，为强国建设、民族复兴贡献南开力量。

培养学生的爱国情怀

"你是中国人吗？""你爱中国吗？""你愿意中国好吗？"

9 月 21 日晚，2024"把青春华章写在祖国大地上"大思政课网络主题宣传和互动引导活动在南开大学举行。南开大学校长陈雨露与创校校长张伯苓的数字形象跨时空对话，带领全场师生重问重答"爱国三问"。

爱国主义是中华民族的民族心、民族魂，培养社会主义建设者和接班人，首先要培养学生的爱国情怀。

南开大学举全校之力推进思政课教学改革创新，不断开创新时代思政教育新局面。"南开思政课 30 条"、《南开大学高质量推进"大思政课"

---

* 本文原载于《人民日报》2024 年 10 月 18 日 1 版。

建设　全面推动"三进"工作实施方案》先后出台，以"金课"标准开设"习近平新时代中国特色社会主义思想概论"课，建好"一院一团队"，校院两级领导班子带头上"形势与政策"课……

思政课不仅应该在课堂上讲，也应该在社会生活中讲。坚持守正和创新相统一，南开大学努力推动思政课建设内涵式发展。

开展多种形式的爱国主义教育系列活动，用好爱国主义教育基地；上演《周恩来回南开》《爱国三问》《永怀》等爱国主义原创话剧，用张伯苓、杨石先、郭永怀等前辈的故事感染青年学子；探索形成同学、同研、同讲、同行的"师生四同"育人模式，引导学生在祖国大地上寻找"思政答案"。

2019 年以来，南开大学支持师生组成 1 万多支"师生四同"实践团队开展实践活动。

"仅今年暑期，就有 536 支队伍、近 4500 名师生奔赴全国各地参与社会实践。"南开大学党委书记杨庆山表示，与校史结合、与时代契合、与阵地融合，南开大学的思政课改革创新成效显著，让越来越多的青年学生感悟到马克思主义的真理力量。

加快一流大学和一流学科建设

未来充一次电能跑 1000 公里，零下 70 摄氏度也可正常运转。三十多年如一日，中国科学院院士、南开大学副校长陈军在电池领域持续攻关。

致力于脓毒症药物研发，南开大学药学院 2021 级博士生李伊楠团队提出仿生学创新制药观点，为久攻不克的医学难题提供解决方案。

加快一流大学和一流学科建设，南开大学持续加强基础研究，力争在原始创新和自主创新上出更多成果，勇攀世界科技高峰。

推动学科布局优化调整，出台国家急需学科专业领域引导发展清单；促进学科深度交叉融合，推动成立"南开大学前沿交叉学科研究院"；实施学科建设"揭榜挂帅"，通过"张榜"设置学科建设目标，"评榜"考核学科建设成效，"奖榜"激励学科建设典型，激发学科建设内生动力和发展活力……

近年来，南开大学学科建设成果丰硕：化学、数学、材料科学与工程等 6 个学科入选第二轮"双一流"建设学科名单；全球学科评价体系前 1%学科增至 17 个，其中化学、材料科学、工程科学、环境科学与生态学进入前 1‰；"新物质创造""认知科学""中国式现代化发展""中华优秀传统文化创造性转化和创新性发展"四大交叉学科群应运而生。

一流学科建设，为原始创新和自主创新提供坚实基础。南开大学积极服务国家重大战略需求，标志性引领性成果不断涌现。

周其林院士领衔的"高效手性螺环催化剂的发现"项目荣获 2019 年度国家自然科学奖一等奖；多项成果应用于问天实验舱、泛终端芯片、动力电池、微操作机器人系统等重大急需领域；依托天开高教科创园，共价有机框架材料（COFs）在全球首次实现吨级量产，体积最小的微流控检测仪孵化诞生，多个项目走入科技成果转化成熟端……

"我们将以科技发展和国家战略需求为牵引，加强基础学科、新兴学科、交叉学科建设和拔尖人才培养，努力产出更多重大原创性、引领性、标志性成果，在以中国式现代化全面推进中华民族伟大复兴的新征程上奋力展现南开作为。"陈雨露说。

到祖国最需要的地方书写青春华章

"第一堂课结束后，后背都湿透了。"南开大学第二十六届研究生支教团团长郭龄聪坦言，当好一名支教老师，并不是一件容易的事。

今年 7 月，郭龄聪和支教团成员抵达新疆阿勒泰地区第二高级中学，开启了南开大学在当地接续志愿服务的第三个十年。研习教案、查阅资料、集体备课……两个多月过去，支教团成员授课越来越自如，和学生们越走越近。

离家远了、皮肤晒黑了，郭龄聪却觉得很值，"看见中国大地上发生的深刻变革与变化，我们更明白作为青年该如何实现个人的人生价值。"

"知中国，服务中国。"南开大学万千学子始终把个人奋斗融入时代大潮,用不变的家国情怀书写绚丽的青春华章。

文学院 2020 级本科生阳子芯,自 2020 年起持续捐赠奖学金,发起"一芯助学计划",惠及近 2000 名学子;马克思主义学院 2024 级博士生马红英,在家乡新疆伊宁县开办农民专业合作社,入选全国乡村产业振兴带头人培育"头雁"项目;2017 届毕业生潘晓晨主动投身西部建设,在四川叙永县枧槽苗族乡群英村驻村扶贫,荣获 2022 年"全国高校毕业生基层就业卓越奖"。

五年来,南开大学共有 3500 余名毕业生选择到中西部地区基层工作。

在甘肃庄浪县韩店镇东门村,由南开大学生命科学学院教授王春国团队培育的高抗、高含量丹参品种"NK1 号"正开展大规模田间种植试验。这株承载着助农增收重要使命的"南开苗",种植面积已从最初的 10亩扩大到 220 亩。

"品质好、产量高,为我们村致富增收带来了新的希望。"一名中药材种植大户由衷点赞。

近距离了解中国乡村,找到真需求、解决真问题。南开大学依托在 25个省份建立的 90 余个中国式现代化乡村工作站,形成区域经济、科技、文化全方位发展的有效帮扶模式,推出"现代兰考"治理经验、"兴边富民"实践经验等一批调研成果。

把小我融入大我,广大师生不断弘扬"爱国、公能、创新、奋斗"的南开精神,立志作出新的历史贡献。

（武卫政、武少民,人民日报）

青春绽放在祖国最需要的地方[*]

＊ 本文原载于《人民日报》2024 年 10 月 24 日 19 版。

　　图①：阿斯哈尔·努尔太在活动现场宣讲。（人民网供图）图②：潘展乐在巴黎奥运会颁奖仪式上。（新华社记者 雏圆摄）图③：成卫东在码头一线指挥调度。（夏德崧摄）图④：活动现场，学生们热情欢呼。（人民网供图）图⑤：南开大学校园一隅。（资料图片）

引言

　　"渤海之滨，白河之津，巍巍我南开精神……"前不久，南开大学体育馆内气氛热烈，2024"把青春华章写在祖国大地上"大思政课网络主题宣传和互动引导活动在天津举行。

　　此次活动由中央网信办、教育部、人民日报社、共青团中央、国家体育总局、天津市委网信委联合主办，紧扣青春和爱国主题，邀请青年榜样、名师大家与广大青少年网民同上一堂别开生面的网上网下大思政课。

　　舞台上，精彩的讲述，激荡着家国情怀的昂扬力量；舞台下，热烈的掌声、欢呼声，汇成青春的海洋。

爱国情怀薪火相传

"你是中国人吗？""是！"

"你爱中国吗？""爱！"

"你愿意中国好吗？""愿意！"

借助 AI 技术，南开大学现任校长陈雨露与创校校长张伯苓展开了一场"时空对话"。现场重温了"爱国三问"，3000 多名南开师生掷地有声的回答令人热血沸腾。

这是南开人的答案，也是所有中国人对祖国热烈而深沉的爱。

陈雨露表示，百余年来，一代代南开人铸就了爱国、公能、创新、奋斗的南开精神。新一代南开学子要永远擦亮理想底色，做终生不渝的爱国者；要将小我融入大我，做胸怀天下的担当者；要勇立时代潮头，做不怕吃苦的创造者；要无惧艰险坎坷，做勇往直前的奋斗者。

在节目《我是爱南开的》中，国家一级演员刘劲、特型演员黄薇分别饰演周恩来与邓颖超，在深情演绎中，勾勒出周恩来、邓颖超矢志不渝投身革命的光辉岁月。在南开原创话剧《周恩来回南开》中，学生演员们奔向观众席、挥舞旗帜，"不做亡国奴"的口号振聋发聩……

近年来，南开大学举全校之力不断推进思政教学改革创新：在全国率先按比例配齐思政课教师，先后出台《南开思政课 30 条》《南开大学高质量推进"大思政课"建设　全面推动"三进"工作实施方案》……种种举措让思政教育的针对性和吸引力不断提高。

把小我融入大我

"祖国母亲啊，我们到家了！"

活动中，国家一级演员、中国电视艺术家协会副主席林永健深情讲述了科学家郭永怀心有大我、以身许国的动人故事。

1968 年 12 月 5 日凌晨，一架小型飞机失事，事故现场，有两具遗骸紧紧抱在一起，其中一位正是郭永怀。一个完好无损的公文包夹在他们中间，包里是一份绝密测试数据。

郭永怀的故事让许多学生感动落泪。把小我融入大我，在伟大征程上贡献自己的力量，如今更多的青年人在广袤大地上书写出精彩的故事。

"孩子，你长高了，壮实了……"

"爸爸，您的儿子长大了！我成为像您一样的铁血卫士，像您一样的男子汉。我，没给您丢脸。"

活动现场，武警新疆总队乌鲁木齐支队执勤十八中队排长阿斯哈尔·努尔太与烈士父亲努尔太·安尼瓦尔别克"隔空对话"。面对屏幕上微笑的父亲，阿斯哈尔转身，敬了一个标准的军礼，令人动容。

一批批南开学子把青春梦想融入强军梦，建功军营、绽放青春。据介绍，7年间共有113名南开学生奔赴军营建功立业，近90%的学生在部队获得过优秀义务兵、"四有"优秀士兵等荣誉和表彰。

在《亿缕阳光》节目中，来自全国第一个社区志愿者组织发祥地——天津朝阳里社区的志愿者李如伊、杜志荣、兰长燕，以及丹江口库区环保志愿者袁慧，分享了自己的志愿服务故事。

"我从很小的时候就参加志愿服务。在帮助别人那一刻，我感到很快乐。"李如伊说。

拼搏奋斗中绽放华彩

"想约梦姐去吃宵夜""乐乐有没有什么想对南开同学说的"……现场大屏幕上，同学们通过弹幕与奥运冠军热情互动。

巴黎奥运会冠军潘展乐、陈梦、刘焕华、李雯雯、丁欣怡、吴愉和巴黎残奥会冠军谭玉娇、蒋裕燕，讲述各自比赛和成长经历，生动诠释了顽强拼搏、自强不息的精神。

"希望你们在求学的道路上，无论遇到多大的困难，都能够一路向前，坚持下去。"巴黎奥运会乒乓球女单和女团冠军陈梦说。

"鱼有一条尾巴，而我有一条腿，是游泳让我有自信、勇气、动力。我投入了自己全部的青春，只为做好一件事，那就是在水花飞溅中坚定地划向人生的前方。"巴黎残奥会女子 50 米自由泳冠军蒋裕燕说。

"五星红旗迎风飘扬，胜利歌声多么响亮。歌唱我们亲爱的祖国，从今走向繁荣富强……"活动最后，全场一齐唱响《歌唱祖国》。

"新时代新征程，南开大学将积极探索网络思政育人新模式，引导青年学生将小我融入大我，立志为中华之崛起而读书，努力为推进强国建设、民族复兴伟业贡献青春力量。"南开大学党委书记杨庆山表示。

忠于使命 淬炼成钢

我的父亲是一名警察，在一次缉捕暴恐分子的任务中，他牺牲了，那一年我只有两岁。

父亲给我起名叫阿斯哈尔，在哈萨克族传说中，阿斯哈尔是一座雄伟的高山。随着慢慢长大，我逐渐懂得了这个名字的意义，也从中感受到一种忠于使命、不怕牺牲的勇敢。

参军入伍，像一颗种子，一直埋藏在我的心灵深处。2015 年，我考上了南开大学，大二时，我提交了入伍申请。在奔赴军营前夕，我和学校其他 7 名大学生给习近平总书记写信，表达了献身国防和军队建设的坚定决心。收到习近平总书记回信时，我激动极了，也暗下决心，要牢记教诲，珍惜身穿戎装的机会，在军营这个大熔炉里淬炼成钢。

在部队，我坚持第一个起床、第一个站队；在体能训练中，我咬紧牙关，完成 5 公里越野、1 万米跑、行军拉练等。经过了新兵连和超强度训练后，我加入了特战中队，实现了从大学生到人民子弟兵、从普通战士到特战队员的"蜕变"。

2018 年 7 月，部队接到命令全面备战抗洪，我摩拳擦掌。可就在发车前，我发现出动名单中没有我的名字。那一刻，我心里只有一个念头：阿斯哈尔·努尔太，请战！在递交请战书的那一刻，我突然理解了父亲的选择。

大学毕业时，心中有一个声音一直召唤我，让我回到父亲曾经流血牺牲的那片热土。2021 年我被招录到武警新疆总队工作。每逢佳节，当我

在机场巡逻，见证一次次家人相聚、爱人相拥的时刻，我更理解了这身橄榄绿的意义。

未来，我会继续努力，把热血挥洒在实现强军梦的伟大实践之中，书写绚烂、无悔的青春篇章。

（作者为武警新疆总队乌鲁木齐支队执勤十八中队排长阿斯哈尔·努尔太）

迎难而上 永不言弃

10 岁时，童言无忌的我在媒体面前夸下海口，要拿世界冠军。今年夏天，我在巴黎奥运会上实现了儿时的梦想，收获 2 金 1 银，打破世界纪录。看着冉冉升起的五星红旗，我心潮澎湃。为国争光的信念，早已印在了我的心上。

泳池教会我要迎难而上，永不言弃。刚进入专业队时，高强度的训练，比赛的压力，让我想要逃避。长大后，我也面临过"生长痛"，自己的力量、身高上不去，仿佛怎么努力都游不过别人。直到 2019 年全国夏季游泳锦标赛，在 1500 米自由泳项目上夺冠后，我才慢慢找回坚持下去的信心。我深信，成功没有捷径，都是靠平时的积累。积累够了，实力达到一定水平，机会出现时，才能牢牢把握。

纪录就是要被打破的。大家看到的，是我在奥运赛场上将 100 米自由泳的世界纪录提升的 0.4 秒，但破纪录的背后，是长时间的高要求训练和全力以赴的拼搏。十几年的运动生涯，每一朵水花，都是突破自我的见证。

一个人的泳池，可以游得很快；一群人的泳池，可以游得更快。在男子 4×100 米混合泳接力的赛场上，我与队友们全力以赴，获得金牌，让世界看到了"中国速度"。因为我们深知，代表国家站上赛场，就肩负着为国争光的使命和责任。只有团结一心、勇往直前，才能向世界展示中国青年运动员的风采与力量。

在体育的世界里，要坚信没有什么是不可能的。我希望用成绩打破质疑、证明自己，也鼓励更多泳池的明日之星实现梦想。面向未来，我将从零开始，让自己重新回到一名普通运动员的角色，踏实训练，继续为建设体育强国和奥林匹克事业奋斗拼搏。

（作者为中国男子游泳运动员潘展乐）

精益求精 追求卓越

19 岁那年，从技校毕业后，我来到天津港工作，成为一名拖车司机。到现在，一干就是 26 年。从刚毕业的学生成长为全国劳动模范，精益求精、追求卓越是我一直以来的坚持。

我驾驶的拖车长 20 米、宽 3 米，是个不折不扣的"大家伙"。如何在码头货场灵活穿梭、安全高效完成货物运输，是我工作后遇到的第一个难题。

困难面前，唯有勤学深钻。吃饭时，把碗看成拖车、在筷子间通过，研究运行轨迹；扫地时，把扫帚当成拖车，观察转弯角度……我将拖车操作整套流程分解成 40 多个要素，挂几次挡、转几次头，里面都是学问。通过不断摸索、一次次实践，我总结出快、准、稳的工作法，每个细微环节都能精准操作、分秒不差。

这些年，新技术不断涌现，这就要求我们不仅会驾驶，还要勤学习、会创新。2021 年，天津港建成了全球首个"智慧零碳"码头，我又迎来了新的挑战——给码头上的人工智能运输机器人当"师傅"。

我的"徒弟"不简单，能够自动驾驶、实现厘米级精准定位，但起初就像新手，什么时候该减速、什么时候该变道，容易"蒙圈"。作为有 20 多年经验的拖车司机，我的操作方法派上大用场。我和团队一起，把多年研究的操作方法和驾驶技巧标准化、数据化，在程序员帮助下"翻译"成一列列代码、一道道指令。经过反复测试，这些机器人"徒弟"依靠 5G、北斗等自主技术，已实现 L4 级无人驾驶，作业效率不断提升。

伴随着天津港世界一流智慧绿色枢纽港口建设步伐的加快，我感觉自己能干的事儿越来越多。现在，我还在持续努力学习，前段时间，我考取了人工智能训练师的证书。

如今，青年施展才干的舞台无比广阔，我们要不断学习新知识、掌握新技能，书写更多精彩故事。

（作者为天津港第一港埠有限公司拖头队副队长成卫东）

感言

这是一场让人印象深刻的大思政课。当老校长张伯苓的数字形象与今日南开同框，当"爱国三问"再次在耳边激荡，我的内心激动不已，那是一种向下扎根又向上生长的精神力量。我将秉承南开人爱国、公能、创新、奋斗的精神，在实现中国梦的生动实践中放飞青春梦想。

——南开大学商学院学生朱昱铃

木版水印、"泥人张"彩塑、十八街麻花，非遗传承人的演绎精彩纷呈；传统戏曲和流行音乐跨界融合，让不同类型音乐元素相互碰撞……当代青年应不负时代、不负韶华，将中华优秀传统文化发扬光大。

——中国传媒大学戏剧影视学院学生章荣浩

无论是社区志愿者、教育工作者，还是非遗传承人、退伍军人，每一位新时代的建设者都在用自己的方式书写着对祖国的热爱。爱国是青春的底色，他们的故事让我深刻体会到何为"小我融入大我"，也激励着我将青春汗水挥洒在祖国需要的地方。

——复旦大学新闻学院学生叶鹏

奥运冠军的励志故事让我思考如何像他们一样，在自己擅长的领域为祖国奉献力量。作为新时代法学青年，我要将个人理想融入国家发展大局，用专业知识解决实际问题，积极参与社会实践，为社会的和谐稳定、法治进步贡献自己的力量。

——中国政法大学国际法学院学生宋润泽

（武少民，人民日报）

把青春华章写在祖国大地上*

　　9月21日晚，天津，在南开大学举行的"把青春华章写在祖国大地上"大思政课网络主题宣传和互动引导活动上，著名演员刘劲、特型演员黄薇、南开大学学生代表等以话剧形式演绎周恩来总理在南开中学时男扮女装演话剧、在南开大学时期成立觉悟社、新中国成立后三回南开等鲜为人知的故事。田嘉硕/摄

　　9月21日晚，2024"把青春华章写在祖国大地上"大思政课网络主题宣传和互动引导活动在南开大学举行。

　　在活动现场，奥运冠军、文化名家、平凡英雄、青年榜样、国际友人，用自己的故事给现场的师生上了一堂生动的思政课。与此同时，在技术的加持下，这堂思政课通过网络平台飞越校园，让全国各地更多的师生深受

　　* 本文原载于《中国青年报》2023年9月23日5版、8版。

震撼、启发和思考。

2021 年全国两会期间，习近平总书记就指出，思政课不仅应该在课堂上讲，也应该在社会生活中来讲。在不久前召开的全国教育大会上，习近平总书记再次强调："注重运用新时代伟大变革成功案例，充分发挥红色资源育人功能，不断拓展实践育人和网络育人的空间和阵地。"

如何让"伟大变革成功案例""红色资源"滋养更多青年学生，成为摆在教育工作者面前的一道必答题。

近些年，很多学校进行了积极的探索尝试，让思政课堂走出教室，加大思政课实践教学的建设。应该说，思政课理论教学与实践教学并重已经成为思政教育的共识。不过，"当前思政课的实践教学依然存在着一些困境"，福建农林大学马克思主义学院院长林贤明说，比如，实践教学面临内容缺乏地域特色，内容时代感不强，实践活动形式和实践成果形式较为单一，无法满足学生多样化的实践需求，学生实践成效跟踪困难等。

面对这些挑战，如何应对？

北京交通大学马克思主义学院副院长闫长丽向中青报·中青网记者介绍，该学院正在北京市丰台区进行这样的尝试，根据丰台区的特点和学校的专业优势，组建了 10 支丰台区"大思政课"实践教学基地示范课程建设队伍，将实践基地的特色资源转化为"大思政课"育人资源，制作完成 10 套丰台区校共同体教案，上线"大思政课"实践教学数字地图，突破时空界限，将思政小课堂、社会大课堂和网络云课堂结合。

据了解，教育部指导建设的"大思政课"实践教学数字地图是面向广大师生，提供优质实践案例等资源支持的数字化平台。"数字地图"已有 1498 所高校入驻，汇聚了全国各省份 10 大类别 22 个主题 4825 个实践基地点位实践相关活动、案例和教学设计。

这种"汇集+共享"的思路得到了很多学校的支持。"'大思政课'实践教学数字地图，能较为有效破解当前实践教学存在的困境。"林贤明说。

林贤明介绍，福建有丰富而独特的地方资源，"党史事件多、红色资源多、革命先辈多"，有红色资源优势，因此，学校开发了"红色八闽"

实践课程，配套《福建红色文化读本》实践教材，制作英雄、事件、旧址 3 个系列共 50 个视频素材。

思政小课堂与社会大课堂相结合、线下实践与云端共享相结合，让那些来自火热一线的思政课实践教学案例，成为更多学校和师生的教学素材。

南开大学马克思主义学院院长王新生认为，强调思政课走向社会实践，是为了让老师和学生通过深入了解社会而更深刻地理解理论，因此应当带着问题"走出去"，再带着问题"走回来"。在这个过程中，课堂教学中遇到的理性问题有了丰富的感性材料支持，也在社会实践中得到了检验，大家对问题的理解就会更加深刻、更加真切。这样一来，思政课的理论，就从"老师告诉我的道理"变成了"我所理解的道理"。

哈尔滨工业大学实践课教研室主任尹胜君介绍，在实践课建设之初，学校便率先提出依托知识图谱技术，将理论课知识、实践课案例、铸魂育人图谱融通，破解理论课与实践教学"两张皮"的问题。精准匹配了实践资源 991 个，累计 13.1 万人线上全流程学习。

越来越多的成功案例汇集云端，不仅拓宽了更多教师学生思政课实践教与学的素材，反过来极大地推动了思政课实践教学的建设和发展。

"学校创新性地提出了打造'生育生'担当式实践课，"尹胜君说，改革了课程考核方式，学生团队协作完成项目作业的同时，每名学生要用 vlog 记录实践成果，学生完成的优秀项目形成案例，纳入到课程平台"生育生"案例视频库中，供下一届学生学习，学生教育学生，学生影响学生。引导学生由情感共鸣，向同向同行、主动作为发展，使爱党爱国的价值理念不仅入耳入眼、更要入心入行。

习近平总书记曾经指出："'大思政课'我们要善用之，一定要跟现实结合起来。"

当思政课与现实结合起来时，课堂从教室走到了广阔的世界。

中国人民大学引导学生在新时代新征程上争当"复兴栋梁，强国先锋"。今年，已经有 5000 名师生组成了 500 支实践团队分赴全国 200 个地级市，围绕基层治理、科技创新、乡村振兴、绿色发展、社会服务、卫国戍边等主题开展实践调研。

北京师范大学的学生则以北京的长安街为中心，西起石景山，东至通州。在天安门、首钢园、通州区、李大钊故居等地开展志愿服务与社会实践。

从教室到世界，思政课"大课堂"版图越来越大……

一个敬礼，两代人报国情怀

中青报·中青网记者 郭玉洁 见习记者 曹伟

9月21日晚，天津，在南开大学举行的"把青春华章写在祖国大地上"大思政课网络主题宣传和互动引导活动上，来自武警新疆总队的阿斯哈尔·努尔太正在向父亲的照片敬军礼。田嘉硕/摄

阿斯哈尔·努尔太经常对记者讲起两个瞬间。

第一个瞬间是1998年6月26日，一次缉捕暴恐分子的任务中，阿斯哈尔的父亲，新疆反恐警察努尔太·安尼瓦尔别克牺牲。阿斯哈尔当时只有两岁，父亲在他记忆中仅留下"模糊"的印象。

第二个瞬间是在 2018 年 7 月。22 岁的阿斯哈尔在武警部队服役，当年，淮河流域遭遇洪涝灾害，救灾的队伍马上要出发，阿斯哈尔却发现抗洪出动名单上没有他。他很激动，抄起一张纸，迅速手写了一张"请战书"，申请赴前线救灾。

跨越 20 年，阿斯哈尔在这个瞬间，才"彻底理解"父亲当年的选择。请战书上，他用稚嫩的字迹表明心迹："如今灾难来袭，侵犯人民生命、财产（安全），人民水深火热，我为兵怎可置身事外，愿请战，为人民为祖国请战。"

9 月 21 日晚，在南开大学举行的"把青春华章写在祖国大地上"大思政课网络主题宣传和互动引导活动上，阿斯哈尔又说起那一刻他对父亲的理解。他说，父亲的英勇战斗看似是一瞬间的决定，但"对于一个参加过 40 多场战斗、追捕过 130 多个罪犯的警察，面对危险挺身而出，就是他的本能"。

阿斯哈尔曾无数次埋怨父亲。小学二年级，学校布置命题作文"我的爸爸"，他只能写照片里的爸爸。在南开大学的舞台上，一名小演员演绎出童年时他的心声："我不懂，战友比我和妈妈还重要吗？"

会场里，一个慈爱的画外音回答："等你长大了，就会懂得爸爸牺牲的意义。"

"这段对话，我梦见过无数次。"阿斯哈尔说。

只是，在现实中，他得不到清晰的回答，只能通过一个个瞬间寻找答案。

小时候，他和堂弟去服装店买衣服，堂弟挑选的是奥特曼，他一眼相中了迷彩服，"因为那是爸爸的颜色"。2015 年高考报志愿时，他希望报考中国人民公安大学，但母亲考虑他的安危，不想让他走上这条路。他理解，但还是把 5 个志愿全填报上"法律"专业。在他看来，这是为他日后成为人民公安作准备。后来他被南开大学法律系录取。2017 年，大学生征兵季，他再次提出参军。这次母亲同意了。在特战队，他放弃做更有英雄光环的狙击手，选择做排爆兵，"就是希望在面临任何危险的时候冲在第一线"。

2017 年参军前夕，南开大学组织 8 名新入伍大学生学习《习近平的七年知青岁月》，8 名学生一致决定给习近平主席写信。当年 9 月 23 号，习近平给 8 名大学生回信，对他们从军报国的志向激情感到欣慰，勉励他们施展才华，淬炼成钢。

服役满两年后，阿斯哈尔回到南开大学完成大学学业。2021 年毕业季，他再次把目光投向军营，报名参加了武警新疆总队指挥管理岗的直招遴选。

如今，在武警新疆总队任职 3 年，他的脚步与父亲的脚步有了更多重叠。

每逢佳节，他总是在机场巡逻，看着来来往往的乘客，见证家人相聚、爱人相拥，想到父亲曾在工作岗位上，也是以"一家不圆"换"万家圆"。"我们职业在社会发展中起这种基础性的作用。"阿斯哈尔说。

在哈萨克族传说中，"阿斯哈尔"是一座雄伟的高山。阿斯哈尔的家族中从戎者多。"我的目标就是成为像父亲、爷爷那样的人，能够继续为新疆的和谐稳定做出自己的贡献。"他对记者说。

他喜欢读南开大学先贤英烈事迹，对张伯苓老校长"以子许国"的故事印象尤其深刻。2019 年，他两年义务兵役满后返校，在校园进行爱国主义宣传。现在，他又以南开大学毕业生、武警部队现役警官的身份回到校园，以亲身经历去影响青年。"我觉得这也是一种传承。"他说。

重回校园，他想对现在的年轻学子说，"如果你一开始就决定追求什么，你就坚定追逐下去。"

父亲牺牲时年仅 29 岁，被公安部追授"全国公安系统二级英雄模范"称号，这枚勋章一直在阿斯哈尔的母亲那里保存着。回新疆工作前，母亲把这枚勋章交给了他。他觉得，其中饱含着母亲的期望。

9 月 21 日晚，借由 AI 技术，阿斯哈尔父亲的照片动了起来。照片里，身穿绿军装的努尔太·安尼瓦尔别克朝儿子微笑。阿斯哈尔转身，面对屏幕上的父亲，敬了一个标准的军礼。"爸爸，您的儿子长大了，也成为了像您一样的男子汉，成为了像您一样的铁血卫士。"借助新技术，照片里的父亲向他回敬军礼。

"爱国三问"的新时代回答

中青报·中青网记者 杨洁

9 月 21 日晚，天津，在南开大学举行的"把青春华章写在祖国大地上"大思政课网络主题宣传和互动引导活动上，南开大学校长陈雨露面向师生再次发出"爱国三问"——"你是中国人吗？你爱中国吗？你愿意中国好吗？"1935 年 9 月 17 日，南开大学首任校长张伯苓提出"爱国三问"，点燃了抗战时期青年学生的爱国热情，如今更是对当代学子的有力鞭策。田嘉硕/摄

首任南开大学校长张伯苓以数字人方式"现身"校园。身着长衫、两鬓微白的"张伯苓"对同学说："新学期开始了，跟往常一样，我来看看同学们。"现场掌声雷动。

"老校长您好，我是现在的南开大学校长陈雨露。我代表全校师生欢迎您回家。"9 月 21 日晚，南开大学，2024"把青春华章写在祖国大地

上"大思政课网络主题宣传和互动引导活动现场，借助 AI 技术，跨越百年，南开两任校长同框。

陈雨露说："向您报告，重温重答您提出的'爱国三问'，已经成为南开每年开学典礼的传统和震撼。""张伯苓"连连点头。

南开学子回答"爱国三问"

时间是 1935 年 9 月 17 日，在南开大学"始业式"上，张伯苓校长提出振聋发聩的"爱国三问"，"你是中国人吗？你爱中国吗？你愿意中国好吗？"

回头望，大浪滔滔，从历史风雨中走来了千万中国人。

如今，改革开放辟新篇，我国正大步迈向深化改革的新时代。《中共中央关于进一步全面深化改革、推进中国式现代化的决定》提出：当前和今后一个时期是以中国式现代化全面推进强国建设、民族复兴伟业的关键时期。中国式现代化是在改革开放中不断推进的，也必将在改革开放中开辟广阔前景。

新征程、新使命、新诗篇。9 月 21 日晚，站在"把青春华章写在祖国大地上"的大思政演讲台，陈雨露与"张伯苓"隔空对话，共话南开之变、教育之变。陈雨露再次发起"爱国三问"。在南开大学的礼堂里，台下 4000 多名南开大学学生，齐声回答："是""爱""愿意"！愿祖国繁荣富强！

这让张伯苓的孙子张元龙感慨不已。看到了爷爷的面容，"感觉非常亲切"。他回忆爷爷的往事：张伯苓在临终前没有留下存款，家里只有几块钱和两张车票。张伯苓多次嘱咐晚辈，只要国家需要，一切都可以奉献出来，包括生命。张元龙说："我们将会把这种爱国情怀继续传承下去。"

爱国故事一脉传承，为中华崛起而拼搏的口号成为了新时代强音。在南开大学，《诗教绵绵——为有荷花唤我来》《周恩来回南开》《爱国三问》《数理王国》等话剧年年上演，张伯苓、叶嘉莹等大师故事感染了无数青年学子。

前辈用生命注释"爱国三问"

跨越山河。9 月 18 日，国家大剧院，致敬"两弹一星"元勋邓稼先的清华大学原创话剧《马兰花开》第 100 场公演正在举行。新时代的清华学子走上了舞台，把邓稼先学成归国、隐姓埋名、报效祖国的故事演给了更多的人看。

舞台上，"邓稼先"和科研人员们经过 9 次精算扫清了原子弹研制过程中的一个障碍。他们激动地拥抱在一起。"咱们一不为名，二不为利，但工作目标一定要奔世界先进水平。"挺过了技术封锁、资料匮乏的困境，直到 1964 年 10 月 16 日，罗布泊升起了一朵巨大的蘑菇云，中国第一颗原子爆炸成功。1967 年 6 月 17 日，中国第一颗氢弹爆炸成功。

"扎根苍茫大地，深爱热土家园……"主题曲在舞台上一遍遍响起。剧中邓稼先的饰演者、清华大学学生傅宇杰从 2013 年就加入《马兰花开》剧组，10 余年的时间里他坚持演绎和传播老一辈科技工作者爱国奉献、追求卓越的深挚情怀，"在排演的过程中，我们与邓稼先学长的精神世界不断产生共鸣。"

在清华大学工程物理系求学的本科生张恺南始终记得，大一初次观看《马兰花开》话剧时，剧中"邓稼先"站在天安门城楼下，远远望着国旗的那一刻，"也许他内心在想，我们后辈人是否还会记住他？"张恺南给出的答案是："会，我们不仅要纪念他，还要学习以他为代表的'两弹一星'精神。"

在战火纷飞、救亡图存的年代，"你爱中国吗？"无数前辈们用奋斗和生命写下了"爱国三问"的生动注脚。

到祖国最需要的地方去

如今在壮阔的复兴航程上，爱国有了新的奋斗坐标。

9 月，习近平总书记在全国教育大会上强调，要坚持不懈用新时代中国特色社会主义思想铸魂育人，实施新时代立德树人工程。不断加强和改进新时代学校思想政治教育，教育引导青少年学生坚定马克思主义信仰、中国特色社会主义信念、中华民族伟大复兴信心，立报国强国大志向、做挺膺担当奋斗者。

"到西部去、到基层去、到祖国最需要的地方去"，新时代呼唤响彻大地。

一代代青年把青春和热血奉献给了西部大开发、基层建设和乡村振兴的新征程。一组数据记录着：2024 年度在岗西部计划志愿者达 8.3 万人，90%以上服务岗位覆盖乡镇及以下单位；超过 54 万名高校毕业生和在读研究生，到 2000 多个县（市、区、旗）开展志愿服务，为西部地区、民族地区、边疆地区建设发展带去新理念、新智慧、新活力。

作为中国石油大学（北京）克拉玛依校区资源勘查工程专业首届毕业生，王良哲常穿着红色工作服，背着双肩包，装着厚厚一沓资料，走遍了作业区 400 多平方公里的井场。

王良哲承担着页岩油井区现场管理和动态分析工作，但井场 141 口水平井的产量不稳定，而页岩油开采难度大，无现成经验可循。王良哲和团队长期展开技术攻关，提升油田有效治理水平，让作业区从欠计划运行提升至超计划完成，产量持续上升。

多年基层工作经验，让王良哲愈发感受到，基层是青年人成长成才的大舞台，更是练就过硬本领的大熔炉。他说，要在新疆安下心、扎下根，在戈壁绽放青春光彩，报效祖国。

担任多年学生辅导员，现任中国石油大学（北京）克拉玛依校区合作发展部副主任的费葳葳从一代代青年身上看到，热血奋斗的青年是"中国号"巨轮破浪前行的最有力支撑："他们把深厚的爱国情感和强烈的责任担当，融入了个人的职业选择，镌刻在了与祖国同行的奋斗和成长中。"

做挺膺担当的奋斗者

历史巨轮滚动，新一代的中国青年要接过接力棒，实现中华民族伟大复兴。党的二十届三中全会强调：面对纷繁复杂的国际国内形势，面对新一轮科技革命和产业变革，面对人民群众新期待，必须继续把改革推向前进。

党的二十届三中全会早已经画好了路线图：教育、科技、人才是中国式现代化的基础性、战略性支撑。必须深入实施科教兴国战略、人才强国战略、创新驱动发展战略，统筹推进教育科技人才体制机制一体改革，健全新型举国体制，提升国家创新体系整体效能。

在中国科学院大学，2021 级计算机科学与技术专业的本科生张雪雅和同学们想要成为"龙芯"团队的接棒人。课堂上，站在讲台的授课老师正是"龙芯"的研发核心人物之一——胡伟武。而在胡伟武的学生时代，他也曾立志成为"龙芯"研发的接棒人。

故事追溯到 1989 年，黄令仪受邀参加国际芯片展览会，偌大的会场上竟没有找到一家中国企业。从此"龙芯"开启了中国芯片的研发之路，完成了从"龙芯 1 号"到"龙芯 3 号"的飞跃。黄令仪辞世之后，一代代年轻人接力完成"龙芯"开发，破解卡脖子难题，打破了受制于人的局面。"即使有一天匍匐在地，我也要为祖国洗刷掉这个耻辱。"黄令仪直击灵魂的话语在中国科学院大学的开学典礼上回响。

"我会更坚定地走在科研道路上。"张雪雅深有感触。在科技强国的奋斗路上，她看到一代代科学家开疆拓土，也为后来人引路导航，"满心敬佩"。

越来越多的科技创新成果在青年团队中涌现：南开大学教授牵头完成全球首例非人灵长类动物介入式脑机接口实验，技术跻身国际领先行列；哈尔滨工业大学紫丁香学生微纳卫星团队，平均年龄不到 24 岁，已研制和发射了"紫丁香一号""紫丁香二号"卫星；武汉大学团队研制我国首个全球雷达正射影像一张图，向各行业用户提供数据和信息服务……

9 月 21 日晚，一颗颗带有独特编号的"小行星"在南开大学体育馆的大屏幕上闪过："郭永怀星"，国际编号 212796；"钱学森星"，国际编号 3763；"钱三强星"，国际编号 25240；"樊锦诗星"，国际编号 381323；"袁隆平星"，国际编号 8117；"王大珩星"，国际编号 17693……

"群星"闪耀，为在场的南开学子点亮了一条"追星"之路。南开大学合唱团演唱的《夜空中最亮的星》，在全场响起。

"同学们，你们是见证历史和创造历史的一代。强国建设、民族复兴的大任，落在你们身上。"站在舞台中央，2024 年度全国教书育人楷模、年近八旬的南开大学讲席教授逄锦聚说："我愿意和大家一起立报国强国大志向，做挺膺担当的奋斗者。"

9 月 21 日晚，天津，在南开大学举行的"把青春华章写在祖国大地上"大思政课网络主题宣传和互动引导活动上，全国教书育人楷模、南开大学讲席教授逄锦聚向活动现场的上千名学生分享了自己的故事。田嘉硕/摄

116 年前的问题，奥运冠军给出新答案

中青报·中青网记者 郭玉洁 安俐

9 月 21 日晚，天津，在南开大学举行的"把青春华章写在祖国大地上"大思政课网络主题宣传和互动引导活动上，奥运冠军丁欣怡正在进行艺术体操彩带表演。田嘉硕/摄

9 月 21 日晚，天津，在南开大学举行的"把青春华章写在祖国大地

上"大思政课网络主题宣传和互动引导活动上，奥运冠军潘展乐上台演讲前与观众互动。田嘉硕/摄

9 月 21 日晚，天津，在南开大学举行的"把青春华章写在祖国大地上"大思政课网络主题宣传和互动引导活动上，巴黎残奥会冠军谭玉娇（右）、蒋裕燕（左）分享比赛和成长经历，台下观众纷纷拍摄记录。田嘉硕/摄

年轻的奥运健儿们来到了中国奥运梦开始的地方。

"100 年前，张伯苓老校长的'奥运三问'鼓舞了一代又一代中国人，作为中国运动员，我们用自己的实际行动作出了回答！"9 月 21 日晚，在南开大学举行的 2024 "把青春华章写在祖国大地上"大思政网络主题宣传和互动引导活动中，巴黎奥运会冠军潘展乐回应百年前的奥运梦想。陈梦、刘焕华、李雯雯、丁欣怡、吴愉、谭玉娇、蒋裕燕等巴黎奥运会、巴黎残奥会冠军也与南开学子倾情分享。

南开老校长张伯苓是第一位亲临奥运会现场的中国人。116 年前，张伯苓曾在出国考察间隙来到第四届奥运会现场。当年 10 月 23 日，南开学校操场的外墙上贴出 3 幅用毛笔写就的大字标语："什么时候中国能派出一位成绩优秀的运动员去奥运会？什么时候中国能派出一支优秀运动

员组成的队伍参加奥运会？什么时候中国能邀请世界各国到中国来举行奥运会？"

3 个问题被称为"奥运三问"，流传后世。

在天津，在南开大学，关于奥运的梦想已经存在了至少 100 年。117 年前的 10 月 24 日，在天津第五届联合运动会闭幕典礼和颁奖仪式上，张伯苓以《雅典的奥运会》为题发表演说，提到"我国应立即成立奥林匹克运动会代表队"。这是中国人第一次公开建议中国组建奥林匹克代表队，也可以被看作中国人第一次正式回应奥林匹克运动。

这位伟大的教育家开创了南开系列学校，并被誉为"中国奥运第一人"。

在 9 月 21 日的活动现场，潘展乐等年轻运动员与历史对话。除了"奥运三问"，潘展乐还提到我国第一位奥运选手刘长春。潘展乐说，刘长春 1932 年"单刀赴会"参加美国洛杉矶奥运会，背后是"山河破碎、国运艰难"的中国。"百年后的今天，我们自信满满，我们可以平视这个世界，可以和全世界最优秀的运动员同场竞技并且拔得头筹，一个重要的原因，就是因为我们背后是强大的祖国。"他说。

本届巴黎奥运会，年轻一代的中国运动员在越来越多项目中实现历史性突破。巴黎奥运会男子 100 米自由泳决赛，潘展乐以 46 秒 40 的成绩夺冠并打破由其本人保持的世界纪录。这是中国选手首夺该项目奥运金牌。他也是自 1932 年洛杉矶奥运会之后第一位获得男子百米自由泳奥运金牌的亚洲选手。1932 年，是刘长春参加的那届奥运会。

赛后潘展乐发了一条微博，"我的这块金牌，献给伟大的祖国"。9 月 21 日，在南开大学的活动现场，他说："纪录就是要被打破的，垄断更是要被打破的。我是温州人，温州话里'潘展乐'的发音就是'破纪录'。狭路相逢勇者胜，勇者相逢强者胜。"

在巴黎奥运会举重男子 102 公斤级决赛中，23 岁的中国选手刘焕华以总成绩 406 公斤夺冠，这也是中国男子举重大级别的首枚奥运金牌。同样在巴黎奥运会上，中国艺术体操队勇夺集体全能金牌，实现历史性突破。9月21日，中国艺术体操队运动员丁欣怡来到南开大学的活动现场，这个20岁的女孩爱笑，曾被媒体评论"笑着笑着就创造了历史"。

当年，在重视体育的教育家张伯苓看来，体育就像是人们彼此交流的特殊语言，能迅速激发出共鸣与热情，以体育人，育的不仅是体魄，更是一个人追求公正、尊重规则、团结包容的道德品质，和坚韧不拔、昂扬向上、永不服输的精神内核。

面对南开大学学生，巴黎残奥会举重67公斤级冠军谭玉娇分享了自己的故事。

7岁那年，一场疾病造成谭玉娇右腿残疾。小学6年，她没上过一节体育课。13岁，她成为一名残疾人举重运动员。"曾经连体育课都无法参加的我，走上了竞技体育的道路。"21年的运动生涯，她拿到了43枚金牌，21次打破世界纪录。"一次次超越重量极限之后，我也在超越着人生的边界。"

游泳运动员蒋裕燕被称为七金"飞鱼"。她在巴黎残奥会上取得了7枚金牌，破4项世界纪录，成为本届残奥会获金牌、奖牌数最多的运动员。"命运打破了身体上的平衡，但不能打破人生的平衡，意外也不能成为我虚度人生的借口。"9月21日，她在南开大学的活动中分享。

"鱼有一条尾巴，而我有一条腿"，她说，游泳给了她自信、勇气、人生的动力。她激励年轻学子"在水花飞溅中，坚定地划向人生的前方"。

"巴黎奥运会已经落幕，一切从零开始。继续为体育强国和奥林匹克事业奋斗拼搏，是我作为中国游泳队一员的责任；向世界展示中国力量、中国风采、中国精神，是我们青年一辈共同的使命。"潘展乐说。

1932年7月30日，洛杉矶奥运会开幕式上，刘长春独自一人高举中国国旗入场。风雨飘摇之际，全世界人口最多的国家只能派出一名运动员。尽管刘长春因舟车劳顿，未取得理想成绩，他却书写了历史，赢得世界的尊重。见证并参与这一历史时刻的张伯苓曾激动地写下："智力竞新，强国之鉴"。

近百年过去，如今，奥运会重新进入洛杉矶周期。年轻的中国奥运健儿们期待着，在洛杉矶刷新纪录、书写中国奥运的新篇章。

用更高水平"大思政课"立德树人

本报评论员

"你是中国人吗？""你爱中国吗？""你愿意中国好吗？"1935 年 9 月 17 日，在南开大学新学年"始业式"上，校长张伯苓向学生提出著名的"爱国三问"。彼时，东三省已然沦陷于日寇之手，中华大地山河破碎，国家和民族处于积贫积弱、一穷二白的境地。面对内忧外患，无数年轻学子心怀报国之志，一边学习知识技能，一边树立远大理想，前赴后继地投身抗日救亡运动。战争年代，青年淬炼刚毅坚卓的爱国情怀，在血与火的洗礼中初心不改，正是对这"爱国三问"的响亮回答。

9 月 21 日，2024"把青春华章写在祖国大地上"大思政课网络主题宣传和互动引导活动在南开大学举行。活动邀请思政课教师、南开大学师生代表、奥运冠军、文化名家、平凡英雄、青年榜样、国际友人等，通过"思想性+艺术性+技术性+传播性"的创新形式，同上一堂网上网下大思政课，启迪激励新时代青年以实际行动回答好"爱国三问"，为以中国式现代化全面推进中华民族伟大复兴贡献智慧力量。

如何用好我国丰富的爱国主义教育资源，上好更高水平的"大思政课"，关乎培养什么人、怎样培养人、为谁培养人这一教育的根本问题。正如习近平总书记所强调的："我们要建设的教育强国，是中国特色社会主义教育强国，必须以坚持党对教育事业的全面领导为根本保证，以立德树人为根本任务，以为党育人、为国育才为根本目标，以服务中华民族伟大复兴为重要使命，以教育理念、体系、制度、内容、方法、治理现代化为基本路径，以支撑引领中国式现代化为核心功能，最终是办好人民满意的教育。"

更高水平的"大思政课"，要明确教育的目的。1919 年，南开大学创建伊始，张伯苓就曾写道："教育目的，不能仅在个人。当日多在造成个人为圣为贤，而今教育之最要目的，在谋全社会的进步。"从本质上看，教育不仅是对受教育者个人的成就，也是为一个国家、一个民族、一个社会培养其所需要的优秀人才。新时代，高校落实立德树人根本任务，必须立足世界百年未有之大变局，胸怀中华民族伟大复兴战略全局，从国之大计、党之大计的战略需要出发，牢牢把握时代方位。在这一进程中，思政课是落实立德树人根本任务的关键课程，思政课作用不可替代，思政课教师队伍责任重大。

更高水平的"大思政课"，要以实践引导青年。在思政教学中，没有不来源于实践的理论知识，也没有不需要理论指导的实践锻炼。对尚在校园的年轻人而言，只有通过身体力行的实践与社会现实"亲密接触"，才能对国家的现状、时代的脉搏有所实感，进而对书本中的道理和知识产生更加深刻的领悟。全国教书育人楷模逄锦聚年轻时种过地、做过工、当过小学教师、创办过乡村中学，他常说："经济学家不应只做从书本到书本的教书先生，应当一生向实践学习，向人民群众学习。"直到近年，他依然以年迈之躯带着学生深入基层一线。以逄锦聚为榜样，教育工作者还应努力将思政教育贯通融入实践，引导并帮助当代青年扎根脚下的土地。

更高水平的"大思政课"，要善用榜样的力量。那些秉持崇高品格、取得非凡成就、绽放人性光芒的青年榜样，在思政教育中有着强大的感召力和示范效应。2017年9月，习近平总书记给南开大学8名入伍大学生回信，肯定他们"响应祖国召唤参军入伍，把爱国之心化为报国之行，为广大有志青年树立了新的榜样"。在今年的"把青春华章写在祖国大地上"活动上，哈萨克族青年阿斯哈尔·努尔太作为这8名入伍大学生的代表现身说法，他所讲述的故事，正是一堂再生动不过的"国防教育课"。同龄人的身份，加上鲜活的奋斗故事，最容易激起青年的共情共鸣，用好这份力量，有助于推动青年思政教育走深走实、提质增效。

更高水平的"大思政课"，要与网络深度结合。习近平总书记曾专门强调："提高网络育人能力，扎实做好互联网时代的学校思想政治工作和意识形态工作。"当前，网络已成为广大青少年学习生活的重要空间，思政教育必须与时俱进，深入探究互联网背景下的传播与认识规律，有效利用大数据、虚拟现实、人工智能等新兴技术，并充分发挥互联网平台的聚合作用。立足网络，大力推动"数字思政"新生态构建和体系创新，不仅有助于提高思政教育对年轻学子的吸引力，也能重塑思政教育的"打开方式"，进而使其触达"网生一代"的视线与内心。

青年兴则国家兴，青年强则民族强。青年一代有理想、有担当，国家就有前途，民族就有希望。从本质上看，将"大思政课"做大做强，就是为了给新时代中国青年鼓舞士气、指明方向，引导他们从"倾听别人的故事"到"谱写自己的故事"，在实干中担当以中国式现代化全面推进中华民族伟大复兴的使命任务，进而为一代代中国青年传承至今的爱国主义精神注入新的内涵，将这一代人的青春华章书写在祖国大地上！

（郭玉洁、安俐，中国青年报）

南开大学坚持传承红色基因，强化爱国主义教育

——让爱国成为青春最亮的底色*

"你是中国人吗？你爱中国吗？你愿意中国好吗？"近日，在南开大学举行的"把青春华章写在祖国大地上"大思政课网络主题宣传活动上，该校校长陈雨露带着大家重温"爱国三问"。全场师生起立，坚定回答："是！爱！愿祖国繁荣富强！"

当"爱国三问"的提出者、南开首任校长张伯苓的数字形象出现在大屏幕上时，现场气氛瞬间"燃"了起来。

习近平总书记在全国教育大会上强调，不断加强和改进新时代学校思想政治教育，教育引导青少年学生坚定马克思主义信仰、中国特色社会主义信念、中华民族伟大复兴信心，立报国强国大志向、做挺膺担当奋斗者。

这所诞生于 1919 年的高等学府经历过种种艰难困苦的洗礼和淬炼，始终坚定地将爱国主义作为其教育要义与底色，在新时代新征程谱写出爱国主义教育崭新篇章。

以南开之魂研信仰之"墨"

在南开大学校史馆内，一张拍摄于 1919 年的合影格外引人注目。照片上是南开大学的 96 名"开山弟子"，其中学号为 62 号的那名学生一直被视为南开最杰出的校友，他的名字叫周恩来。

今年 5 月，由南开师生自编自演的大型原创话剧《周恩来回南开》

---

* 本文原载于《中国教育报》2024 年 9 月 25 日 1 版。

成功公演，生动再现了 1959 年周恩来总理回到南开的一幕幕场景。

话剧编剧、剧中周恩来扮演者是南开大学党委宣传部青年干部郭威，他计划未来探索更多途径来进一步提升话剧的文化育人实效。"期待越来越多的南开人加入话剧创作的行列中，为赓续红色血脉、筑牢南开之魂作出新的贡献。"

百余年前，中国的话剧在大学里生出枝芽。在彼时的南开大学新剧团，《一念差》等 200 余部话剧相继诞生。近年来，南开话剧创排坚持以学校爱国主义传统为主题主线，通过引入专业指导保证话剧具备高质量、高境界。

2019 年 1 月，习近平总书记在南开大学考察时指出，南开大学具有光荣的爱国主义传统，这是南开的魂。同样在这一年，南开大学推出爱国主义原创精品话剧培育推广计划。此后，学校常态化开展话剧展演，举办"新剧南开"新生戏剧节，推出《周恩来回南开》《杨石先》等 10 余部以南开先贤、英烈人物的爱国事迹为主题的精品话剧，构建了"学校—学院—班级"多层次、立体化的南开话剧传承体系。

"目前，学校正探索建立以爱国主义和奋斗精神为内核、以原创话剧为特色的南开文化育人品牌，在全校师生当中厚植爱国主义情感，让红色基因、革命薪火、优秀文化代代相传。"南开大学团委书记贺文霞说。

近年来，学校利用七一、国庆、校庆、入学、毕业等重要纪念日和时间节点开展爱国主义教育活动，以"礼赞中国心、铸牢南开魂"为主轴，开展各类校园文化活动 3000 多场。每年 7 月 28 日南开"校殇日"，校钟轰鸣，声震四方，警示青年铭记历史，吾辈自强。每年举办"一二·九"爱国运动主题校园跑活动，师生奔跑传递火炬，点燃读书报国的青春激情。"南开体魄，读书报国！南开体魄，强国有我！"赓续百年体育传统和张伯苓老校长"强国必先强种，强种必先强身"的体育思想，南开大学启动"特色马拉松"校园品牌活动，激励更多师生以强健之体魄，施展爱国强国志愿。南开大学合唱团凭借一曲《精忠报国》斩获国际合唱比赛总冠军，首批中华优秀传统文化传承基地南开大学京剧传承基地正式揭牌成立……"爱国基因"正在一代又一代南开人的血脉中赓续传承。

以爱国之心握时代之"笔"

2016 年，来自新疆伊宁县的马红英考入南开大学法学院。本科期间，她加入学校红色记忆宣讲团，入选"理论之星"，成为南开大学第 11 期青马班学员。因着这份热爱，她选择了在南开大学马克思主义学院攻读硕士、博士研究生。

"入学第一课，我知道了南开大学第一位革命烈士于方舟牺牲时奋力呐喊'我信仰共产主义，共产党万岁'。后来参加社会实践过程中，我了解了更多革命英烈的故事。我不禁思考，为什么年轻的他们以身许国时，能声声坚定、字字铿锵地高呼中国共产党万岁？"

为了追寻这个答案，马红英连续 7 年组织并参加 20 余次南开大学"师生同行"红色专项社会实践。从瑞金红军烈士纪念塔到大别山，从长征出发地纪念园到遵义会议纪念馆……站在川陕革命根据地红军烈士陵园，她仿佛跨越时空听到烈士们的铮铮誓言。"我要把他们用生命践行的信仰，以小我之行传承下去。"马红英在实践笔记中这样写道。

7 年里，她参加"师生同行"社会实践累计 150 余天，入选第三批全国高校"百名研究生党员标兵"创建名单、全国乡村产业振兴带头人培育"头雁"项目优秀学员，并牵头助力建成一个南开大学中国式现代化乡村工作站。为推进"重走长征路"大思政课实践育人共同体建设，她还和小伙伴们一起整理了 30 余篇宣讲稿，在校内外开展宣讲 50 余场，覆盖超 3000 人次。

南开学子接力实践，见证了中央苏区红土地翻天覆地的变化，打造了"青莲紫爱上苏区红"实践品牌，并成功立项教育部产学合作协同育人项目。参加过这一实践的学生，有的正在参与重大科研攻关项目，有的在基层岗位发光发热，有的成为高校思政课教师和辅导员，展现了红色实践的育人成效。

南开的办学宗旨是"知中国，服务中国"。1928 年制定的《南开大学发展方案》确定了"土货化"办学宗旨：以中国历史、中国社会为学术背景，以解决中国问题为教育目标。

新时期，南开大学秉持发挥专业优势推动实践高质量发展的总基调，引导师生"带着问题去实践"。每年暑假，一批批南开师生从校园奔赴祖国各地，星火燎原，实干兴邦……

近几年，南开大学发挥综合性研究型大学的学科、科研、人才优势，服务中国式现代化建设。5 年来，1.5 万支队伍 5 万余人次参加"小我融入大我"等主题社会实践，"师生同行、矢志报国"实践育人工程荣膺全国高校首批思政工作精品项目，实践课程获评社会实践国家级一流课程。自 2023 年 7 月起，南开师生在陕西榆林郝家桥村等地建立"中国式现代化"乡村工作站 90 余个，遍布 25 个省份，形成了"现代兰考"治理经验、"兴边富民"实践经验等一批调研成果，为乡村振兴提供了具有可行性的"南开方案"。

南开大学学生在甘肃省庄浪县某小学支教

以报国之行答实干之"卷"

"毕业多年，你还记得母校的校训吗？"就职于陕西省三原县的南开大学化学学院2017届毕业生王梦梦，不久前在一次迎接检查的过程中，被一名南开校友问了这个问题。"允公允能，日新月异！"她脱口而出。

2017年，王梦梦通过陕西省定向选调生招录，来到三原县工作。刚到乡镇时，她在扶贫办工作，所负责的村庄有经营设施农业的传统，但是规模较小，品种也落后。于是，她组织群众交流探讨、外出参观、广泛学习、招商引资、争取项目……摸爬滚打中，村子的规模化种植、标准化管理、订单式销售都有了显著起色。"我们的设施农业规模从400多亩增加到现在的700多亩，每年每个棚的收入增加近1万元。"

在被校友问及母校校训后，她反复思考其中含义："这位校友是想通过校训来鼓励我，无论遇到什么事情，顺利也好、困难也罢，只有做到允公允能，将小我融入大我，以爱国报国为己任，才能无愧于自己的内心，无愧于母校的培养。"

南开南开，"越难越开"。这不仅是南开人对自身的一种调侃，更体现了南开人骨子里那种迎难而上的坚韧与乐观精神。近年来，一批又一批南开学子响应国家号召，支援西部、参军入伍，越是在重要岗位、重点方向、复杂环境、艰苦地区，越是彰显出南开人"越难越开"的坚毅品格。

南开大学沿着习近平总书记为新时代青年人才培养指明的方向，教育引导青年学子脚踏实地、仰望星空，为强国建设、民族复兴作出这一代人的历史贡献。5年来，217名南开学子携笔从戎，3500余名毕业生到中西部地区基层工作，到国家重点行业及领域就业学生比例逐年增加，2023年达到53.4%。

南开大学党委书记杨庆山说："我们将坚持不懈用习近平新时代中国特色社会主义思想铸魂育人，实施新时代立德树人工程，深化南开特色爱国主义教育，推进思政课和思想政治工作改革创新，培养堪当民族复兴重任的时代新人。"

新时代新征途上，南开大学正在以爱国奋斗、建功立业、勇做标杆的新担当新作为，奋力答好"教育强国 南开何为"的时代命题，积极展现爱国奋斗、公能日新的"南开作为"，书写为中国式现代化挺膺担当的时代华章。

（陈欣然，中国教育报；王泽璞，南开大学党委宣传部）

弘扬恩来精神　厚植爱国情怀

——南开师生原创话剧《周恩来回南开》文化育人工作案例

引　言

《周恩来回南开》是由南开师生创作并出演的大型原创剧目，难能可贵的是，该剧所有演员都是南开大学在校师生，剧组上下用极高的热情和敬业的精神，用心演绎，使得该剧成为南开校园文化育人活动中的靓丽名片。南开大学以该剧创排为契机，通过持续挖掘资源、深耕厚植内涵、充分运用载体、积极拓展外延，大力弘扬周恩来精神，在青年大学生中间厚植爱国主义情怀，取得了不俗的反响。

一、背景情况

2024年是中华人民共和国成立75周年，是南开系列学校建立120周年、南开大学建校 105 周年，恰逢习近平总书记视察南开大学 5 周年，在这个不平凡之年，我们迎来了最杰出的校友、敬爱的周恩来总理第三次回母校南开大学视察 65 周年。为隆重纪念周恩来总理第三次回母校视察 65 周年，南开大学集全校之力，创作排演了大型原创话剧《周恩来回南开》。

二、经验做法

（一）持续挖掘文化育人资源，展现最细腻的"周恩来与南开"

《周恩来回南开》以 1959 年周恩来总理为解决全国多地出现粮食供应紧张问题而来南开大学视察调研的历史事实为背景，通过细致入微描写周总理参观宿舍、实验室、食堂、图书馆等地并与南开师生亲切交流的感人情节，并运用闪回的艺术手法缀联起周恩来在南开求学时的青年时代，全景式反映了南开教育对周恩来走上革命道路的深刻影响，以及周总理对南开大学的关心关爱，引领感召南开师生立志以杰出校友周恩来为榜样，学习周恩来精神，争做为中华之崛起而读书的栋梁之材。

《周恩来回南开》不同于其他以伟大人物为原型剧目的惯常思路，其想要表达给观众的是：伟大人物的伟大，不只表现在他们对党和人民所作出的伟大贡献上，也不只是刻板印象的脸谱化呈现；伟大人物的伟大，同样展现在日常生活的点点滴滴和为人处世的方方面面。人民总理人民爱，人民总理爱人民，周恩来总理最鲜明的形象就是带给人民"温暖""幸福"。他为人民群众吃饱穿暖操碎了心，他为中华崛起民族腾飞拼尽全力，该剧正是从周总理解决粮食问题入手，通过其回母校南开视察这样一件具体而微的事件铺陈展开，并运用艺术手法让现实中的周恩来和青年时代的周恩来对话，从一个"人"的视角来展现周恩来如何在南开教育的影响下，从一个誓为中华之崛起而读书的有志青年一步步成长为党和国家领导人，成为"人民心中的好总理"。在这个过程中，"周恩来"有过抉择，也有过惆怅，有家长里短、情意绵长，更有家国情怀、人生信仰。"周恩来"既是伟人领袖，也是血肉男儿，该剧正是通过他的"血肉"来塑造他的"伟大",让这位新中国"开国总理",更加伟岸,也更加可爱。

(二)深耕厚植文化育人内涵,展现最深沉的"周恩来与南开"

话剧《周恩来回南开》在创作时虽然只选取了周总理鞠躬尽瘁为人民的一生中很短暂的几个瞬间,但是贯穿其中永恒不变的主题就是"愿中华腾飞世界"——不论是他在东渡日本留学前的吟诵,还是他在张伯苓家同老校长临别时的告白,不论是他同觉悟社成员高唱的社歌,还是他在同南开大学师生告别时的深情嘱托……话剧《周恩来回南开》始终在家国情怀的演绎中深埋时代命题。周总理在南开中学毕业后赴日本留学前,曾给同窗留下临别预言:愿相会于中华腾飞世界时!这句预言既展现了他在青年时代就已立下为中华之崛起而读书的宏图大志,同时也表达了他对于中华必将腾飞于世界的豪迈自信与殷切希冀。

为中国人民谋幸福,为中华民族谋复兴,是中国共产党人的初心和使命。原创话剧《周恩来回南开》正是在家国情怀的演绎中深刻体现了实现中华民族伟大复兴的时代命题,让观众在观剧的过程中,既是欣赏者,又是剧中人,让舞台上下借由剧情的跌宕起伏实现强烈的共振共鸣。一部《周恩来回南开》话剧,将理想信念教育、党史国史教育、党纪学习教育、南开精神与人文美育完美结合在一起,既缅怀了周总理,歌颂了南开学校,弘扬了周恩来精神和南开精神,又彰显了以人民利益为最高利益、以报效国家为最高荣誉的"公能"情怀,这种将深沉的爱国主义情怀厚植在每一个学子心田的精神,正是我们这个时代需要的精神,传承好这种精神,也是这部话剧的最高理想。

(三)充分运用文化育人载体,展现最青春的"周恩来与南开"

话剧是青年人喜闻乐见的文化育人载体。话剧在南开有着悠久的历史,最早可以追溯到1909年。南开话剧是中国话剧的重要源头,走出了张彭春、曹禺等一大批杰出的艺术家,在中国话剧史上更有着举足轻重的地位。周总理在南开求学期间就极力倡导排演话剧,身体力行参与编写剧本、制作布景并登台演出。因此,我们用话剧这种载体,以校友演校友、学弟演学长的方式纪念周总理,是再合适不过的了。

话剧《周恩来回南开》在创作中努力与校史、校景实现有机结合，突出了剧本的还原性和现实性，极大增强了青年学生观感。该剧在创作编排时就有意识地用青年人的口味儿讲故事、讲道理、讲情怀，主动设计了若干喜剧情节，有效调节了整部剧的戏剧氛围，在诙谐幽默的调剂下，把宏大叙事和道德感召柔化成最质朴的对话，让观众在会心一笑间，接受了话剧传递的正能量。同时，该剧还依靠大屏幕、画外音等声光电效果，将周总理《大江歌罢掉头东》诗篇、周总理三回母校南开视察的珍贵影像等融入到话剧的舞台呈现里，让每一位南开学子在浸润于南开历史和传统的过程中，都自觉接受思想引领和理想信念教育，让文化育人更富营养、更接地气、更有温情、更具活力，润物无声地给学生以人生启迪、智慧光芒、精神力量。现在话剧《周恩来回南开》已被列入南开大学新生入学教育日程，成为入校新生了解南开精神、感悟时代发展的重要一课。

（四）积极拓展文化育人手臂，展现最多彩的"周恩来与南开"

南开大学深入推动"五育融合"，以创排原创话剧《周恩来回南开》为契机，通过课题立项、课程开设、社会实践等形式，将弘扬周恩来精神打造成内外贯通的系列品牌活动，进一步拓展学习、传承、弘扬周恩来精神的工作手臂，让学习周恩来成为每一位南开人的自觉习惯。

学校通过第二课堂反哺第一课堂，让文化育人专业化体系化。话剧《周恩来回南开》编剧、执行导演、剧中周恩来的扮演者、我校党委宣传部青年教师郭威通过学校教务部的公开招标、选拔和试讲试听，成功开设了我校第一门表演创作通识选修课程——"话剧表演与剧本写作入门"，旨在普及话剧艺术形式，提升学生话剧表演和剧本写作的艺术水准，带动我校校园话剧实现制度化规范化建设。同时，伴随原创话剧《周恩来回南开》成功首演，郭威老师又以此为基础开设了"周恩来精神的艺术表达"通识选修课。两门课程的实践环节又以大型原创话剧《周恩来回南开》排演为依托，既借助了话剧《周恩来回南开》的优势资源，又通过本课为话剧《周恩来回南开》的排演提供具有一定表演基础的学生演职人员，实现课内课外良性互动、有机融合。

　　学校通过习近平新时代中国特色社会主义思想研究课题申报，支持"周恩来精神的青年化阐释"课题立项，从理论层面加强周恩来精神的研究与阐释，更好服务学校立德树人根本任务。此外，学校还依托"师生四同"社会实践项目支持剧组师生前往周总理故乡江苏淮安、周总理祖籍地浙江绍兴等地开展社会实践交流调研和全国巡演，身临其境感受周总理的成长历程和伟大事迹，持续扩大南开文化育人品牌的社会影响力，将周恩来精神的文化育人内涵辐射到更多地方，不断拓展文化育人的工作手臂。

剧组前往江苏淮安周恩来纪念馆调研

三、社会影响

　　该剧的不断排演在南开园内外掀起了一波波研究、学习、弘扬周恩来精神的新高潮。由北方电影集团等拍摄的院线电影《青年邓颖超》走进南开大学举行天津首映式，并与原创话剧《周恩来回南开》剧组师生亲切交流，将学习邓颖超同志的精神品格与学习周恩来同志的伟大风范融合起来。学校隆重举办纪念周恩来总理第三次回母校视察 65 周年专题座谈会，邀请专家学者师生以及亲历者代表发言交流，深切缅怀周恩来总理的崇高风范。学校校史研究室和档案馆等部门经过梳理发掘还整理出了周恩来总理 1959 年 5 月 28 日视察南开大学的珍贵影像，并进行了数字化修复，制作成微纪录片对外发布。

周总理侄女周秉德慰问剧组

话剧《周恩来回南开》受到了新华社、《人民日报》、中央广播电视总台、《光明日报》、中国新闻社以及《天津日报》、天津电视台、北方网等媒体的广泛报道。目前，原创话剧《周恩来回南开》作为南开大学新生入学教育的重要一环面向新生进行公演。该剧被确定为南开大学保留校剧为习近平总书记视察南开大学 5 周年、南开大学建校 105 周年和周恩来总理第三次回母校视察 65 周年献礼。从活跃校园文化到服务社会大众，《周恩来回南开》话剧育人品牌的建设和推广将得到进一步的丰富和发展，不断赋予这部校园文化经典以更加深厚的文化育人内涵，使其成为真正叫得响、传得开、留得下的文化育人"金招牌"。

（郭威，南开大学党委宣传部）

"从'国帜三易'到走向深蓝"

——红色文化引领下的社会实践与教学方法探索

引 言

2024 年，是中华人民共和国成立 75 周年、人民海军建军 75 周年、南开大学建校 105 周年以及甲午战争爆发 130 周年。为深入学习习近平总书记关于爱国主义教育的重要论述和关于加强全民国防教育的重要指示精神，南开大学环境科学与工程学院开展了主题为"从'国帜三易'到走向深蓝——探究强国与强军间的辩证关系"的社会实践活动。此次活动不仅是一次深刻的爱国主义教育，更是一次教学方法上的大胆探索。通过实地考察大连、威海、青岛三个城市的红色文化教育基地，师生深入了解中国近现代史上的重要事件，以历史的发展脉络为线索，在大连旅顺铭记近代民族屈辱历史，在威海刘公岛重温南开肇始的强国梦和习近平总书记回信精神，在青岛海军博物馆感受在党的领导下人民海军建设的日新月异，综合运用体验式教学、实景式教学、沉浸式教学等方法，带领学生深刻领会"强国必须强军"的重要性，切实把握"军强才能国安"的必然性。本案例旨在总结此次社会实践活动的经验启示和重要意义，探讨如何利用红色文化资源开展社会实践活动，并在此基础上实现教学方法的创新。

一、背景介绍

2024 年是中华人民共和国成立 75 周年、人民海军建军 75 周年、南开大学建校 105 周年，同时也是甲午战争爆发 130 周年。这些重要的历史时刻为我们提供了回顾过去、展望未来的良好契机。为深入贯彻习近平总书记在南开大学考察调研时的重要指示精神，以及给南开大学 8 名新入伍大学生的回信精神，环境科学与工程学院开展了以"从'国帜三易'到走向深蓝——探究强国与强军间的辩证关系"为主题的社会实践活动。

此次实践活动旨在通过实地考察和体验学习，让学生深刻理解中国近现代史上的重要事件，尤其是近代中国的屈辱历史，以及南开大学的爱国主义传统。通过参观人民海军的发展历程，了解人民海军从无到有、从弱到强的变化，从而激发学生的爱国情感，增强国防意识，培养学生的社会责任感和使命感。同时，探索运用不同于校园内的教学方法，充分利用红色文化资源达到育人的目标。

二、主要做法

（一）利用红色文化资源开展教育

1. 精心选择红色文化教育基地

在活动筹备阶段，团队精心选择了具有代表性的红色文化教育基地，如中国人民解放军海军大连舰艇学院、旅顺万忠墓纪念馆、日俄战争遗址、威海刘公岛以及青岛海军博物馆等地。

在大连舰艇学院建立第一个南开大学国防教育实践基地

2. 深入挖掘红色文化内涵

通过前期资料收集和专家访谈，团队深入了解了各个教育基地的历史背景和红色文化内涵，确保实践活动能够传递正确的价值观和历史观。

（二）大连篇：新时代海军精神

1. 与舰艇学院共建活动

在大连，学生首先参加了与大连舰艇学院的国防教育实践基地共建活动，通过参观军舰，与现役军人面对面交流，深入了解新时代人民海军指战员的精神风貌和技术装备的进步。

实践队参观"破浪号"风范训练舰

2. 旅顺万忠墓纪念馆和日俄战争遗址参观

通过实地参观考察旅顺万忠墓纪念馆和日俄战争遗址，学生深刻认识到近代中国遭受列强侵略的历史，以及那段"有海无防"的屈辱岁月。通过讲解员的解说，学生了解到烈士们的英勇事迹，感受了红色文化的深厚底蕴。

（三）威海篇：历史的反思

1. "海疆党课行"

在大连前往威海的船上，实践队组织开展"蓝海启航，海疆党课行"主题党日活动，以建设海洋强国为话题，从近代史、党的二十届三中全会精神、《中国的海洋生态环境保护》白皮书等角度展开讨论，并在甲板上重温入党誓词，实景式、沉浸式体会我国海上军事力量的发展和强大。

2. 刘公岛"国帜三易"重温

在威海刘公岛上，学生们聆听了"国帜三易"的历史故事，了解了甲午战争时期中国海军的悲壮经历，以及南开大学创始人张伯苓先生提出的"爱国三问"。通过参观甲午战争博物馆，学生们更深刻地感受到了那段历史的沉重。

3. 南开大学历史学习

学生结合南开大学的历史背景，加深了对南开爱国主义传统和南开精神的理解，坚定了为国家发展贡献力量的决心。南开大学作为红色文化的重要载体，其历史和传统成为教育活动的重要组成部分。

（四）青岛篇：走向深蓝

1. 海军博物馆参观

在青岛，学生们参观了中国人民解放军海军博物馆，通过丰富的展品和讲解，他们见证了人民海军从无到有、从弱到强的发展历程，深刻体会到在党的领导下，国家和军队发生的深刻变化。

2. 国防教育讲座

实践队邀请军事专家进行了国防教育专题讲座，深入浅出地介绍中国国防政策、国家安全形势等内容，进一步强化学生的国防意识。讲座融入了大量的红色文化元素，使学生们在了解现代国防的同时，也能感受到革命先烈的奉献精神。

实践队与军事专家开展专题讲座

三、经验启示

（一）红色文化资源的有效利用

1. 深度挖掘红色文化内涵

通过实地考察红色文化教育基地，如旅顺万忠墓纪念馆、日俄战争遗址、刘公岛甲午战争博物馆等，让学生们直接接触到历史现场，增强了教育的真实性和感染力。

2. 结合历史人物与事件

通过讲述南开大学老校长张伯苓先生的故事，以及甲午战争中的英雄事迹，让学生们感受到红色文化中蕴含的爱国主义精神，激发他们的使命感和责任感。

（二）理论与实践相结合

1. 实地考察与理论学习相结合

在参观各个教育基地的同时，实践队组织专题讲座和研讨会，将理论知识与实际案例相结合，使学生能够更加深刻地理解红色文化的价值。

2. 跨学科融合

将环境科学与工程学院将专业知识与红色文化教育相结合，探索如何利用专业知识服务于国家和社会的发展需求，体现了教育的实用性。

（三）创新教育方法

1. 综合运用多种教学方法

在此次社会实践的活动背景下，实践队综合运用体验式、实景式和沉浸式的教学方法，激发学生的好奇心和探索欲，促进他们主动学习，并帮助他们建立起理论知识与实际应用之间的联系。这些教学方法尤其适用于让学生更深刻地理解中国近现代史上的重要事件，以及南开大学的爱国主义传统和人民海军的发展历程。

2. 多媒体技术的应用

实践队利用视频、音频等多媒体技术手段，增强红色文化教育的吸引力和感染力，使学生能够在视觉和听觉上获得更直观的感受。

（四）团队协作的重要性

1. 多方面的支持与配合

活动的成功离不开组织者、指导老师、学生等多方的支持与配合，展现了团队协作的力量。

2. 学生之间的互助

在实践活动过程中，学生们相互帮助、共同进步，培养了良好的团队精神和合作能力。

四、重要意义

（一）弘扬红色文化精神

1. 增强学生的爱国情感

通过参观红色文化教育基地和聆听英雄事迹，学生对国家和民族的历史有了更深刻的认识，激发自身强烈的爱国情感。

2. 传承红色基因

实践活动让学生们了解了中国近现代史上的重要事件，以及南开大学的爱国主义传统，促使他们继承并发扬红色基因。

（二）强化国防意识

1. 了解国家安全形势

通过参观大连舰艇学院和青岛海军博物馆，学生了解了人民海军的发展历程，增强了对国家安全和国防建设重要性的认识。

2. 培养国防责任感

实践活动使学生认识到国防建设的重要性，增强了他们的国防责任感和使命感。

（三）教学模式的创新

1. 实践教学模式

实地考察和亲身体验的活动形式改变了传统的课堂教学方式，使学生能够在实践中学习，提高了教育的效果。

2. 情感教育与认知教育相结合

实践活动不仅关注知识的传授，更注重情感的培养，使学生在认知的同时也能产生情感上的共鸣。

（四）培养全面发展的人才

1. 综合素质的提升

实践活动不仅提升了学生的专业知识水平，还培养了他们的社会责任感、团队合作能力以及解决问题的能力。

2. 为国家和社会服务

学生通过实践活动，了解到自己的专业技能可以为国家和社会作出贡献，激发了为实现中华民族伟大复兴的中国梦而努力的决心。

综上所述，利用红色文化资源开展社会实践活动，不仅能够有效地弘扬红色文化精神，强化国防意识，还能在教学方法上实现创新，培养出具备高度爱国情怀和社会责任感的新时代人才。这种方式为高校思想政治教育提供了新的思路和实践范例。

（由佳、朱亚强、屈楠，南开大学环境科学与工程学院）

"大思政课"视域下"师生四同"推进新时代高校爱国主义教育的组织载体建设

——以南开大学红色记忆宣讲团为例

引 言

习近平总书记强调:"南开大学具有光荣的爱国主义传统,这是南开的魂"[①];"思政课不仅应该在课堂上讲,也应该在社会生活中来讲。'大思政课'我们要善用之,一定要跟现实结合起来"[②]。近年来,南开大学牢记嘱托,勇担使命,深入开展爱国主义教育,以"师生四同"探索讲好"大思政课"的南开模式。为不断打造"大思政课"的师生共同体,充分发挥教师主导性与学生主体性,南开大学建立了学生社团红色记忆宣讲团,作为开展"师生四同"推进爱国主义教育的组织载体。红色记忆宣讲团成立八年来,以"追寻·体验·传承"为宗旨,始终坚持以青年视角弘扬爱国主义精神,传承红色基因,取得显著的育人成效,为在"大思政课"视域下推进新时代高校爱国主义教育构建了一个行之有效的组织载体。

一、背景介绍

自 2012 年起,南开大学师生每年都会来到中央苏区进行实践调研,考察红色资源开发状况,感悟革命老区的巨变。在 2016 年长征胜利 80 周年之际,红色记忆宣讲团在南开大学"青莲紫爱上苏区红"主

---

① 百年南开"爱国三问"的传承[J]. 求是,2019(8):52-59.

② 一堂生动有用的大思政课怎么讲[EB/OL].(2021-12-28)[2023-05-04]. http://www.moe.gov.cn/jyb-wfb/s5147/2021112/t20211228-590676.html.

题社会实践中孕育成立。社团成立以来,以南开"知中国,服务中国"光荣传统自勉,坚持在"师生四同"中开展"大思政课"实践教学,以"重走长征路""讲好红色文化故事""助力乡村振兴"等主题开展青年理论研修、志愿宣讲、社会实践。社团充分发挥思政课教师引领示范作用,调动不同学科学生的专业特色,自觉当好红色基因的传承者和新时代爱国主义精神的弘扬者、践行者,发挥了引领新时代高校大学生爱党、爱国、爱社会主义的榜样作用,吸引了越来越多的南开青年。红色记忆宣讲团探索了在"大思政课"视域下,以学生社团作为组织载体深入推进"师生四同"的实践路径,取得了良好效果,积累了宝贵经验。

二、主要做法

(一)"师生四同"加强社团建设,构建讲好"大思政课"的组织载体

学生社团是思政课教师得以常态化开展"师生四同"的重要组织载体,是思政课教师得以在课堂以外的环境与学生进行多维生动的有效交互。红色记忆宣讲团成立以来,始终致力于激发师生双方的主动性,在"师生四同"中发挥思政课教师的主导性,激发学生主体能动性。教师通过社团活动,能够经常指导学生阅读马克思主义相关原著;开发各类宣讲稿件,为学生创造校内外理论宣讲的平台;指导学生编排红色话剧等,坚持以青年视角讲述红色故事,不断扩大青年人理论学习的"朋友圈"。

注重社团全方位建设。社团成立以来,始终秉持着优良的组织制度和骨干培养机制。不断推进组织改革,逐渐形成完善组织架构。设立社团管理委员会,指导教师作为委员会成员,实行民主集中制管理。社团内部设立秘书处、讲演队、培训部和联络部等多个部门,分工明确,协同合作,共同推动社团各项工作的顺利开展。秘书处作为社团中枢,负责整体规划与策略制定,确保社团事务有序进行;讲演队专

注于宣讲和话剧表演，传承红色文化；培训部负责提升成员各项技能，包括稿件撰写、PPT 制作及宣讲技巧等；联络部则负责社团对外联络和宣传推广，确保社团的声音能够传得更远、更响。社团重视骨干成员的培养，注重从思政课堂表现优异的学生中选拔会员，选拔热情和具有能力、责任感的成员担任重要职务，通过实践锻炼和定期培训，不断提升他们的综合素质和领导能力。定期举办宣讲经验分享会、内培会等活动，由经验丰富的学长学姐传授经验，帮助新成员快速成长，形成良好的"传帮带"机制。

社团内部培训活动

（二）创新实践教学模式，积累讲好"大思政课"的资源

社团成立后，每年组织成员来到苏区的红色故土，追寻红色足迹，赓续红色血脉。不断推进红色资源开发和整合利用，探索"走""访""讲""唱""演"相融合的实践教学改革模式，积累讲好"大思政课"的丰富资源。在"走"中学习党和人民艰苦奋斗的光辉历程，感悟初心和使命；在"访"中调研红色文化的历史传承和苏区振兴、精准扶贫，把握红色文化的时代价值；在"讲"中用青春的视角解读理论、宣传成就、讲出对红色文化的青春记忆；在"演"中从历史维度品味经典，将百年前的豪情壮志重演在新时代的舞台；在"唱"中唱响青年真挚的爱国情感和将小我融入大我，矢志民族复兴的雄心壮志。

　　社团坚持将红色寻访、乡村调研等整合起来，以新时代以来中国特色社会主义伟大成就提升"大思政课"的深度和广度。秉持南开大学"知中国，服务中国"的宗旨，走进基层农村，调研脱贫攻坚成果，实践见证了苏区大地旧貌换新颜。社团成员在实践教学中调研访谈老红军或红军后代、市县领导、地方党史工作者、红色旅游从业者、苏区振兴和脱贫攻坚一线的乡镇干部、驻村书记、村干部和群众老表等，在来自基层一线的鲜活素材中受教育。社团将课堂搬到历史现场、搬到乡村振兴最前线，深入田间地头，与当地有关领导、干部开展座谈、交流活动。如2023年暑期，社团走过7个市县的14个村庄，录制13个思政微课，撰写乡村振兴报告，助力建成一座"中国式现代化乡村工作站"，荣获南开大学"师生四同"社会实践卓越团队称号。社团以调研人员全覆盖、调研内容多领域、调研方式多元化、调研报告不过夜的高标准形成万字调研报告，见证了新时代苏区干部创造新世界的干劲儿和苏区农民崭新的生活。

社团红色寻访与实践调研

（三）一体化协同，拓展"大思政课"成果辐射范围

社团积极响应党和国家关于"统筹推进大中小学思政课一体化建设"要求，在各项活动中积极推动"大思政课"一体化协同。2023年，南开大学牵头发起"重走长征路""大思政课"实践教学协作共同体，红色记忆宣讲团积极参与共同体建设，以青年之心，探历史之脉，将长征精神与现代青年的活力热情巧妙融合，目前已经建设完成第二期。

社团成员参加活动

社团充分合理利用实践基地，与中小学一起开发适合不同学段学生特点与需求的"大思政课"一体化实践教学精品课程。积极推进大中小学一体化，构建跨学段、多维度的红色教育体系，确保红色基因代代相传，生生不息。立足"场馆里的思政课"，将大中小学生置于共同的实践场景，实现一体化教学和一体化成长，在教学内容、方法和理念上实现了有效衔接与深度融合，提升了一体化教学成效。如2021年，社团在江西省安远县与当地小学生开展"尊三围保卫战"沉浸式体验教学；2023年联合瑞金纪念馆在二苏大礼堂旧址开展"当一回'二

苏大'代表"大中小学一体化模拟情境实践教学；2024 年在石楼县红军东征纪念馆，联合山西师范大学、山西财经大学，与石楼县中小学生共同开展"大手拉小手·共上一堂场馆里的思政课"活动。社团与天津市多所学校、瑞金中央革命根据地纪念馆等建立共建合作关系，共同推进思政课改革创新和一体化平台建设。

社团开展大中小学思政课一体化活动

三、特色经验

（一）创新宣讲形式，实现了以青年视角讲述红色故事

社团打破传统宣讲框架，采用情景剧、话剧、新媒体作品等多元形式，实现了青年自我教育。自导自演《恰同学少年》《可爱的中国》两部爱国主义话剧和《让信仰点亮人生》《永不扑灭的火焰》等情景短剧，打磨创作《人间正道是沧桑》《巍巍大别山，处处红军魂》《井冈

山精神》等成熟的宣讲稿件十余篇，用青年视角讲述红色故事。过建立"红与紫"公众号、制作思政微课、发布红色文化短视频等形式，打破时空界限，让红色文化触手可及，深入人心。这一系列举措不仅丰富了红色文化的传播载体，更拓宽了红色文化的传播范围，使其在新时代激发广大青年爱国报国的理想。

社团爱国主义话剧

（二）构建"思政课堂—社团—社会实践"育人机制

在"大思政"理念的引领下，红色记忆宣讲团成为"大思政课"融合育人共同体的典范。社团融入日常校园文化建设，构建了"大思政课"实践育人的闭环，成为"大思政课"育人资源向校内、向思政课转化的重要环节，搭建了能够有效运转的育人机制，这既是高校思政课的改革创新，也做到了"全员育人、全程育人、全方位育人"的"三全育人"。社团还作为"师生共同体"和"生生共同体"交汇的组织形式，拓宽了课堂内外师生有效交互的渠道，为显性隐性教育相统一和"亲其师信其道"打开了通路。从课堂教学到指导社团再到指导实践，以社团为组织载体的实践教学成果全方位转化为教学和育人素材。

（三）校园与社会贯通，实现了思政育人全过程贯通

社团通过"师生四同"开展研究性学习和多元实践教学，在贯通理论和实践、历史和现实、国内和国际中回应学生关心的重大现实和热点话题。社团深入开展"师生四同"，指导学生依托理论宣讲、脱贫攻坚、红色主题的创新创业项目等多种形式，激活并用好各类育人资源，把思政小课堂与社会大课堂结合起来。社团以网络化、可视化方式多维呈现学生学习成果，激发学生荣誉感，涌现出一批优秀的视频作品。通过课堂与课外贯通、校园与社会贯通、线上与线下贯通"三通"打通教学过程的全领域全环节，实现"学思践悟"各环节的有机衔接。

四、育人成效

（一）培养了众多爱国奋斗青年先锋

一批批南开学子在社团红色文化的熏陶下茁壮成长，他们不仅掌握了扎实的专业知识，还具备了坚定的理想信念和强烈的爱国情怀。这些优秀的南开青年用实际行动诠释了"知中国，服务中国"的南开精神，成为新时代的佼佼者。社团成员走出了全国研究生党员标兵 2 人、西部计划支教团成员 6 人、周恩来奖学金 10 人、校学生党员标兵 14 人、学生年度人物 11 人。如南开大学年度人物、社团成员马红英，她在家乡创办"党支部领办农民专业合作社"带动村民致富，入选全国乡村产业振兴带头人"头雁"项目，助力乡村振兴。像马红英这样的社团成员还有很多，他们有的在西部基层建功立业，也有的担任高校教师，续写红色文化育人的新篇章。

（二）形成了辐射全社会的宣讲力量

社团青年踏上革命先烈曾经走过的道路，追寻革命先辈的足迹，深入了解中国共产党领导革命的艰辛历程和伟大意义。社团通过集中培训、集体备课、团内试讲等方式，以实践感悟宣讲红色故事，把实

践队员的真情实感运用到宣讲活动，让红色宣讲更加打动人心。作为南开大学成才报国宣讲团的重要组成，红色记忆宣讲团已在校内外宣讲 130 余场；录制"重走长征路"思政微课，上线人民网公开课平台，浏览量达 10 万多人次。此外，红色记忆宣讲团还入选了团中央 2023 年度"全国大学生井冈山精神志愿宣讲团 100 支优秀团队"，其走进南开大学各学院、南开中学、耀华中学第中小学，参加第 17 届河西区"学子节"开幕式，走进新兴街道、文澜社区、大韩庄等社区，讲南开故事、红色故事，推动爱国主义教育和红色文化传承深入人心，成为天津市青年理论宣讲的重要力量。

（三）打造了"大思政课"实践育人标杆

社团成立以来，积极响应国家号召进行"大思政"实践育人，得到了主流媒体报道，获得系列荣誉，成为代表南开大学"大思政课"实践育人的标杆。2017、2018 和 2021 年，社团成员先后斩获全国大学生讲思政课公开课活动三个一等奖，荣获 2019—2020 天津市先进学生集体、2020 年天津市"新时代·习近平新时代中国特色社会主义思想基层实践行"主题实践活动先进集体标兵、南开大学 2021 年文化建设先进集体等奖项。社团成员张登彬开发红色资源，创办"红传思政"项目，打造"红色资源融入思政教育的研发与服务平台"，获得天津市第七届"互联网+"红旅赛道金奖，"中银杯"第八届、第九届天津市"创青春"中国青年创新创业大赛社会企业赛道银奖，相关事迹获《光明日报》《天津日报》《中国文化报》等专题报道；社团主要事迹入选 2023 年度国家文物局、教育部以革命文物为主题的"大思政课"优质资源精品项目。

社团成立以来获《光明日报》三度专题报道，2016 年 10 月 27 日头版头条刊发《"青莲紫爱上苏区红"——南开学子重走长征路》；2019 年 9 月 14 日头版刊发《南开：让红色文化发扬光大》；2021 年 10 月 3 日专题刊发《一堂坚持十年的"师生同行"思政大课》。社团指导老师在权威学术期刊《思想教育研究》发表论文《善用"大思政课"讲道理：南开大学十年苏区实践教学的探索与经验》，被人大复印报刊资料全文转载。多年来，社团活动得到新华社、人民网、中青网、津云等多家主流媒体多次专题报道。

社团所获部分荣誉证书

五、启示展望

"努力培养更多让党放心爱国奉献担当民族复兴重任的时代新人"是习近平总书记心中念兹在兹的殷殷嘱托，"推进大中小学思政课一体化改革创新"是进一步全面深化改革推进中国式现代化的决定要求，与祖国同向同行的南开人感到责任重大，践行使命担当。

面对新的目标要求，红色记忆宣讲团将继续坚持在红色文化实践育人优秀经验，结合青年人新的思想变化，进一步加强社团建设，弘扬南开爱国主义传统，继续发挥思政课教师主导性与青年学生主体性，不断深化"大思政课"育人效果，在守正创新推进思政课内涵式发展的新征程中继续贡献"南开智慧"，体现"南开担当"。

（贾辰庚、杨智鸿、丁肖依、曹雅婕、辛怡霖，

南开大学马克思主义学院）

"读万卷书，行万里路"，红色足迹下的思政教育创新实践

——以"行走的历史课"探索"大思政课"育人新范式

引 言

"大思政课"育人格局构建是新时代中国教育领域的一项重要创新，旨在通过改革和创新思政教育模式，实现立德树人的根本任务。这一概念的核心在于将思想政治教育与现实生活紧密结合，通过课堂教学、社会实践和网络资源的有机结合，构建全方位、多层次、宽领域的育人格局，其是培养青年学生历史意识、社会责任感和爱国情怀的重要途径。

为深入学习贯彻党的二十大精神，全面贯彻落实习近平总书记视察南开大学重要讲话精神，扎实宣传贯彻习近平总书记关于青年工作的重要思想，带领广大南开学子上好与现实相结合的"大思政课"，在社会课堂中"受教育、长才干、作贡献"，为实现第二个百年奋斗目标、实现中华民族伟大复兴的中国梦凝聚起强大青春力量，南开大学历史学院秉承"惟真惟新 求通致用"的院训，致力于将理论与实践相结合，不断探索和创新思政教育模式。"行走的历史课"系列育人实践活动就是在这样的教育理念指导下应运而生的一项"大思政课"育人新实践。

"行走的历史课"系列育人实践活动作为"大思政课"理念下的一种具体实践，通过让学生走出教室，亲身体验和探索历史，将思政教育与历史教育相结合，于行走中发现历史，于行走中感受历史，使学

生在实践中，培养爱国情怀和社会责任感。这种育人模式不仅丰富了学生的学习体验，也有助于提升思政教育的实效性和吸引力。通过这种模式，我们期待能够培养出更多具有深厚历史素养、广阔视野和强烈社会责任感的新时代青年。

一、背景情况

"行走的历史课"是加强新时代爱国主义教育，传承和弘扬爱国主义精神的生动实践。2023 年 10 月 24 日，第十四届全国人民代表大会常务委员会第六次会议通过《中华人民共和国爱国主义教育法》，其中规定了丰富的爱国主义教育内容，如"爱国主义是具体的、现实的。""应将课堂教学与课外实践和体验相结合，把爱国主义教育内容融入校园文化建设和学校各类主题活动，组织学生参观爱国主义教育基地等场馆设施，参加爱国主义教育校外实践活动。"聚焦爱国主义教育的时代要求，探索如何将爱国主义具象化，突破大学生对于爱国主义的传统认知，让其更加生动和真切地将爱国情怀内化于心，是"行走的历史课"系列育人实践活动创始和建设的初衷，是新时代高校思政教育工作者和每一名大学生都应具备的基础素养和情感底色。

"行走的历史课"是加强党史学习教育，引导大学生党员牢记初心使命的有效途径。高校学生党员是大学生中的"头雁"，发挥好大学生党员的先锋模范作用，让其能够引领广大青年"学史明理、学史增信、学史崇德、学史力行"是高校思政工作的重点。《党史学习教育工作条例》第二十一条，强调了用好革命博物馆、纪念馆、党史馆、烈士纪念设施、革命旧址等红色资源的重要性。"行走的历史课"聚焦党史学习教育的主要任务和要求，充分利用好党史学习教育的重要阵地，用活用好实践教学资源和平台，通过精心设计和专业指导，加强对大学生党员的革命传统教育、爱国主义教育、思想道德教育。让广大大学生党员学习党史、锤炼党性、发挥作用是"行走的历史课"系列育人实践活动的重点任务，是为其他"大思政课"有效推动奠定的人才基础和思想基础。

"行走的历史课"是对加强文化遗产保护传承，弘扬中华优秀传统文化的创新探索。习近平总书记强调，要"让收藏在博物馆里的文物、陈列在广阔大地上的遗产、书写在古籍里的文字都活起来"，"要让文物说话，让历史说话，让文化说话。要加强文物保护和利用，加强历史研究和传承，使中华优秀传统文化不断发扬光大"。①聚焦文化遗产保护学习和传承这一使命，"行走的历史课"系列育人实践活动的一个重要内容就是与历史学科的第一课堂紧密结合，通过"行走"中的学习和发现，探索历史遗存背后蕴含的哲学思想、人文精神、价值理念、道德规范等，从而对学生的专业知识体系进行全方位的构建，为新时代史学人才素养和技能的提升奠定实践基础，积累文化底蕴。

"行走的历史课"系列育人实践活动正是在以上背景下产生的。它深深根植于历史学科的人才培养要求，紧密结合历史学科的特点，打破第一、二课堂的壁垒，贯通学生理想信念、爱国情怀、专业素养、实践能力、团队意识等多方面的教育要求，是对新时代教育强国目标、爱国主义教育、党史学习教育、文化传承创新的一次探索和答题。这种育人模式的提出，是对传统思政教育模式的一种创新和拓展，也是对红色文化传承方式的一种探索和实践。

二、主要做法

习近平总书记指出，思想政治理论课很重要，要做实，要讲得生动、有吸引力。思政课不仅是知识传授的平台，更是价值引领的主阵地。"大思政课"是一种超越于传统思想政治教育界限的创新模式，一个"大"字，体现出教育理念、教育模式和教育方法的全方位提升和革新。"行走的历史课"系列育人实践活动正是对"大思政课"的一次尝试性探索，集中体现为培养学生的大情怀、大视野，集结学院"大

---

① 古籍活起来，文脉传下去[N]. 人民日报，2024-02-26（05）.

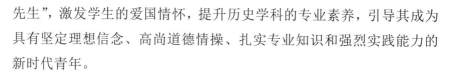

先生",激发学生的爱国情怀,提升历史学科的专业素养,引导其成为具有坚定理想信念、高尚道德情操、扎实专业知识和强烈实践能力的新时代青年。

(一)以爱国主义为核心,培养学生"大情怀"

"行走的历史课"系列育人实践活动在设计之初便是将爱国主义作为最重要的育人目标,让爱国不再停留于学生的意念和口号,通过在广袤的中华大地上"行走"和历史课程的学习将爱国主义教育从课堂搬到实地,将口号内化于信念,让爱国主义精神具象化,构建起"千年文脉""红色基因""扎根沃土"三个层次的爱国主义教育与实践板块。

1. 回望千年,感悟中华民族绵延不绝的文脉传承

中华文明具有连续性、创新性、统一性、包容性和和平性的特性,在纷繁复杂的历史文物中,始终贯穿着中华民族千年不变的文化传承。"行走的历史课"——洛阳地区文化遗产考察实践队重点考察洛阳博物馆、龙门石窟、汉魏洛阳古城等历史遗迹,在与文物们近距离地接触中,诸多历史细节都得以厘清,比如各朝石碑的刻写差异、墓内穹顶的结构、石窟佛像的服饰与手印等等。"考古中州行"实践队重点关注中原地区的考古发现和著名文物,近距离接触和观察中原地区古代的建筑、石窟、陵墓和文物等遗存。如果说在课本上和课堂上的学习是知识的获取,那么当学生真切地走近一件件历史文物,走进一个个历史现场,就是对历史学科学生心灵的一次次触动,让学生真切地感受到中华民族的文化传承。

2. 红色基因,感悟革命历史遗址中的爱国信念

学院在策划组织"行走的历史课"系列育人实践活动中,充分发挥学生党支部的战斗堡垒作用,鼓励各个党支部将主题党日搬到爱国主义教育基地,在真实的历史场景中召唤新时代大学生的初心和使命。"行走的历史课"系列育人实践活动先后组织学院近现代史教师党支部、本科生党支部与知行团校团学骨干前往平津战役纪念馆开展现场

教学，由教师党员马思宇为师生现场讲解；学院中国近现代史博士第一党支部赴大沽口炮台遗址博物馆开展主题党日活动，支部成员将所学知识与历史现场紧密结合，将战争遗址作为爱国主义教育的第一现场。在"行走的历史课"中，广大党员与学生骨干在重温历史中汲取精神力量，共上一堂生动的历史课，真切感悟书本中的党史是一代代共产党员的抗争史和奋斗史，明确党员在新时代应当承担的责任与使命。

历史学院中国现代史教研室副教授马思宇在平津战役纪念馆为学生讲解

3. 扎根沃土，抒写新时代南开史院学子的爱国担当

在"行走的历史课"系列育人实践活动中，很多队伍将目光投射于乡村振兴，他们努力挖掘当地蕴含的历史文化资源，通过实践队高质量的研究探索和社会服务，帮助当地解决文化资源利用、文化遗产保护、文化特色宣传等实际问题。"智汇乡兴，青翼腾飞""师生四同"实践队前往河北省柏乡县，通过对柏乡县历史脉络的追溯以及对汉牡丹文化的深入了解与学习，力图实现汉代历史文化与当代社会风貌的有机结合，推动"以史正人，以史化风"的文化教育事业与文旅产业的协同发展。"回顾建党百年功业，走访扶贫工作新成就"实践队伍则前往山西省五台县，探访当地扶贫产业发展历程，树立文化和旅游产

业融合发展的典范。"行走的历史课"走进乡村，充分发挥南开大学历史学院百年来蕴含的"古今贯通 中外交融"的学科特色，通过高质量的社会服务，引领学院师生把握时代脉搏，推动高质量的学科发展，并进一步挖掘当地丰厚的历史文化资源，古为今用，更好地让历史文化资源为中国式现代化提供文化支撑和力量

（二）以跨领域交叉为载体，引导学生形成大视野

在"大思政课"和"三全育人"的背景下，"大视野"教育是培养学生具有全球意识、历史视野、未来洞察力和跨文化交流能力的重要方面。"行走的历史课"系列育人实践活动鼓励学生跳出课本的局限，通过实地考察、专题研究等方式，拓宽他们的知识视野。

1. 跨文明拓视野，培养文明互鉴的广阔历史视角

历史学院教师王音、齐广带领同学们前往国家海洋博物馆参观"大河文明"展览，并围绕跨国史、中外文明交流史展开现场教学。展览展出了意大利都灵埃及博物馆等4家意大利博物馆及甘肃省博物馆等 11 家国内博物馆的珍贵文物，对同学们来说可谓开展了一堂生动的跨文化的"历史课"。

**历史学院考古学与博物馆学系讲师王音在国家海洋博物馆为学生讲述
"大河文明"文物**

2. 跨学科拓视野，搭建学科交叉的全新研究领域

"津湘共浏"实践队前往浏阳河流域进行实地访谈与资料收集。该队伍依托口述史的研究方法与环境工程与科学学院的学生共同围绕人与自然和谐共生的命题，在城市和乡间脚踏实地地探索浏阳河从清到浊再复碧水的全过程。"寻遍湿地千里路，共绘生态保护图"实践队同样侧重于生态文明同历史学科的交叉融合。实践队员来自历史学院、生命科学学院，他们深入七里海湿地，考察调研新时代生态建设的样板目标，切身体会以构建人与自然和谐相处为目标的新时代生态建设的实际成就。

3. 跨技术拓视野，采用先进科学的研究技术手段

"云端博物，思源知来"实践队聚焦于数字博物馆的研究，通过视频的形式介绍故宫博物院数字化的形式和手段，展示西南联大民族调查文书资料展数字展厅、南开大学博物馆馆藏精品文物展，介绍其操作和建立意义，助力传统文化在数字化时代焕发新的生机与活力。本科生党支部面向参与"行走的历史课"的师生拍摄了《青年请回答》系列短视频，通过当代青年喜闻乐见的方式传播历史瞬间。

（三）以"三全育人"为格局，引领学生走近"大先生"

南开大学历史学院"行走的历史课"系列育人实践活动在师资培养与教学创新方面取得了显著成效。自 2019 年至 2024 年，共有 83 位教师参与其中，涵盖教授、副教授、讲师、辅导员等多角色，行业领军人才聚集，真正将"政治强、情怀深、思维新、视野广、自律严、人格正"的"大先生"式教师加入队伍中来。他们带领着历史学院 626 名学生深入全国各地，共同参与育人工作，形成育人合力，促进形成全方位"三全育人"格局。

"行走的历史课"育人模式鼓励和促进教师与学生之间的互动交流，教学相长，形成平等、开放的教学氛围。在这种氛围中，教师不仅是知识的传授者，更是学生学习过程中的引导者和伙伴。在实地教学中，教师们不仅传授历史知识，还引导学生深入思考历史事件背后

的价值观念和精神内涵。通过讨论、反思和感悟，教师帮助学生树立正确的历史观、民族观和国家观，促进学生综合素质的提升。

三、经验启示

学院坚持"党建+思政+学科"育人理念，以"行走的历史课"为实践载体，积极探索新时代学科思政引领卓越人才培育新范式，推动"思政引领、学科融合、教师带动、实践培育、网络覆盖"五方协同的"大思政"格局，在教育引导广大青年学生在广阔天地中感悟思想伟力、厚植家国情怀、激发挺膺担当方面，积累了可复制、可推广、可落地的育人新范式。

（一）为新时代高校基层党建工作提供了启示

以党建领航为根本，多方凝聚育人合力，不断探索"三全育人"新路径，立德树人育人机制得到完善。

一是党建赋能，系统构建"历史大课堂"。"历史大课堂"之大在于平台、场域之大，又在于理念上要始终贯穿新时代大历史观。学院坚持把培养担当民族复兴大任的时代新人作为落脚点，着眼人才培养和学科建设等中心工作，专题谋划部署"行走的历史课"系列育人实践活动，以党的创新理论为核心内容，以党支部为支点，最大限度撬动师生参与积极性，使"行走的历史课"在师生中的影响力不断提升，思政工作的覆盖面不断扩大。

二是机制赋能，长效推进"育人大格局"。学院党委通过制定历史学院党员院领导联系学生党支部制度，出台历史学院院领导联系学生方案，制作历史学院本科生班导师工作手册，指导统筹开展历史学院"师生四同"社会实践、本科实践教学等措施，构建专业教师、管理干部、辅导员三支队伍以及思政和教学科研体系、校内教学管理服务与校外实习实践协同育人格局，打造覆盖学生成长全过程的育人共同体，形成"制度—平台—内容—主体"相对稳定的育人链条，确保"行走的历史课"能够常态长效开展。

（二）为拓宽新时代高校育人路径提供借鉴

以强化思想引领为导向，多向拓展育人阵地，不断拓展"大思政课"宽场域，协同育人效果更加凸显。

一是师资赋能，重点培育"思政大先生"。坚持强化教师队伍思想政治工作，持续提升教师队伍的思想政治素质和思想政治工作水平。通过"同学""同讲"，坚持不懈用习近平新时代中国特色社会主义思想为广大教师凝心铸魂，鼓励教师创新教学方式方法。通过"同研""同行"，教师下沉到学生身边，厚植爱国报国情怀，增强服务社会能力，突出全员全方位全过程师德养成，引导教师争做新时代"四有"好老师，成为教书育人"大先生"，提升教师服务"国之大者"的贡献度和硬实力。

二是场域赋能，全员凝聚"社会大课堂"。"行走的历史课"的活力来自现实、视野聚焦于时代、场域扎根于社会。搭建"大课堂"，关键在于把专业小课堂和社会大课堂结合起来。通过专业教师在实际场景中的讲授，最大程度将思政教育与专业学习、社会实践、科学研究有机融合，让理论深度与现实广度相结合，使思想政治教育变得具象化，充分利用好各类育人场馆，以专业教师、辅导员、校外导师为主体，以学生朋辈导师、社会实践团队负责人为补充，以先进模范、优秀志愿者等为特色育人力量，做好"内外联动、师生同讲"提升育人感染力、引导力和说服力，有效引导学生在广阔的社会大课堂中培根铸魂，提升服务中国式现代化的硬实力。

（三）为创新历史学科的实践教育载体提供了参考

以立足学科发展为抓手，多元融合育人元素，不断尝试"学科思政"新范式，教育教学内容更加生动。

一是专业赋能，立体建设"金课大资源"。历史学科富含大量的育人因素，具有天然的思政育人优势。要着眼于学科思政，找准专业课堂与社会课堂的契合点，立足实践之基，回答时代之问。打造"行走的历史课"示范金课，将学科使命与实践目标，知识技能与实践过程，学术成果与实践成效，课程思政建设与深化专业认同、坚定理想信念、提升科学人文素养、培养健康人格的育人目标结合起来，推动"学科、专业、课程、教师、教材"有机融入"行走的历史课"这一大主题下的实践育人全过程。

二是科研赋能，品牌构建"实践大平台"。锚定国家战略需求，基于关键和前沿领域的课题，以思政为魂、实践为骨、学科为肉为思路，顶层设计"行走的历史课"，形成科研支撑教学、教学带动实践、实践反哺教学的良性循环，打造生动鲜明的品牌效应，提升活动的辨识度，让学生不仅在教材文本的历史中思政，更在当代最鲜活的实践中思政，把主流价值观和先进思想内化于心、外化于行。

（四）为落实新时代教育强国建设提供支撑

以厚植爱国情怀为目标，多维赋能育人成效，不断锤炼"挺膺担当"真本领，铸魂育人品质得到保障。

一是强基赋能，充分彰显"爱国大情怀"。通过"行走的历史课"，组织学生带着专业小课堂的思考奔赴基层一线、田间地头、工厂车间、社区乡镇等社会大课堂，深入了解国情、社情、民情，在脚踏实地的实践中进一步感悟思想伟力，用眼之所见、耳之所听、心之所感、行之所至感受中国式现代化的生动实践，实现从"书本学习"向"实践学习"的转变，引导学生对社会有大情怀，对时代有深思考。

二是科学赋能，自觉肩负"强国大使命"。学生在专业学术背景的支撑下，把实践作为学习成长的方法与桥梁，真正扎根基层，把学校里、课堂中掌握的专业理论知识与社会课堂深入对接融合，实现从"体验社会"向"服务社会"转变，引导学生从书本走向校园、走向社会，在与真实世界交互的过程中寻找自己的奋斗方向和人生价值，激发学生的爱国之情、强国之志、报国之行。

四、深入思考

（一）如何坚持专业课学习与党的创新理论武装同频共振

理论与实践相结合是新时代"大思政课"的基本要求和发展方向，也是"行走的历史课"的立身之本。让专业知识与党的理论同向同行、同频共振首先要突出党建聚力赋能学科的优势，通过找准学科与社会课堂的契合点，发挥好党员师生"头雁领航"作用，依托理论宣讲、社会实践、志愿服务、红色研学、创新创业、实习实训等多样化方式设计"行走的历史课"，将专业课堂与社会课堂有效衔接起来，把党的创新理论转化为学生认识世界、改造世界的强大物质力量，使学生在显性教育与隐性教育相统一的实践中，深刻领会新时代党和国家的历史性成就和历史性变革，深刻感悟党的创新理论的真理力量和实践伟力，从而不断增强新时代党的创新理论的吸引力、感染力，实现专业课学习与党的创新理论武装同频共振。

其次要抓实学科带动思政引领的作用，不断创新方法、载体和路径强化学科育人，鼓励学科实践、跨学科实践和综合实践活动，打破学科壁垒，让学生在真实世界中解决真实问题，将直接知识与间接知识结合起来，用实践品牌活动推进教育教学活动，培养德智体美劳全面发展的时代新人。

（二）如何持续推进协同育人的深度和广度

"行走的历史课"大量鲜活生动的教学内容，来源于校园之外的广阔天地，是理论深度与现实广度相结合的具体实践，也是发掘多元力量聚力参与协同育人的重要载体。

让协同育人机制长效常态发挥作用，首先要筑牢文化赋能"大思政课"育人体系建设的力量根基。要善用社会大课堂，以文化赋能各类育人场域，紧扣学科特色，找到与现实场景相关联的内在联系，深入挖掘蕴含其中的思政教育元素，巧妙设计教学内容和方法，实现知识传授、能力培养与价值引领的有机统一。同时，要积极拓展地方区域资源，绘制区域研学地图，设计研学线路，打造特色研学课程，并通过有效规划，推进研学实践连点串线、连线成圈，形成一批研学精品路线，引导学生以宽广深厚的历史视野洞察文化发展大势，让思想政治教育内化于心、外化于行。

其次要抓实师资队伍建设的关键环节。要以高水平科研平台为支撑，推出名师引领计划，确立标杆，营造氛围，吸引集聚一批学术领军人才和教学科研团队，让名师现场讲授，打造广大教师努力成为学生为学、为事、为人的"大先生"。同时，要善于集合多元主体、整合多样资源、聚合多维场域，要主动聘请企事业单位管理专家、社科理论界专家、各行业先进模范等加入师资队伍，打出校内外育人组合拳，实现"1+1>2"的育人效果。

（翟明睿、晏京、梁全、段晨萱，南开大学历史学院）

分享南开"印记" 培根铸魂育人

——借助南开大学文创印章营造校园红色文化育人环境

引 言

2024年，南开大学迎来建校105周年，南开系列学校迎来创建120周年。为此，南开大学资产公司师生团队设计推出了一套蕴含南开精神文化元素的文创印章。作为著名爱国高校，南开大学具有红色的传承基因。这套印章围绕南开历史、南开文化、南开精神等进行设计创作，充分挖掘南开园里的红色基因，旨在讲好红色故事，分享南开"印记"，培根铸魂育人，打造生动活泼、具有南开特色的校园红色文化育人环境。

"允公允能，日新月异""刚毅坚卓""五虎精神""容止格言"……这些印章承载着南开历史记忆，蕴藏着南开文化故事，是传扬南开红色文化、文创赋能文明校园建设、擦亮南开品牌、传播中华优秀传统文化的有益探索。印章的"亮相"引起了广泛关注，掀起了师生校友们的"打卡"热潮，中宏网、天津教育报、津云、北方网等中央地方媒体对此进行了深入报道。

一、背景情况

作为周恩来总理的母校，南开大学成立于1919年，由爱国教育家严修和张伯苓创办。2024年是南开大学建校105周年，同时也是南开系列学校创建120周年。在这个特别的时间节点，南开大学资产公司组建师生设计团队，传承南开红色文化，赓续南开红色血脉，聚焦校训、校歌、校史故事、历史建筑、校园草木等挖掘提炼设计要点，借助时下流行的文创印章进行原创设计，在学校品牌文化店4家门店同步"上新"推出29款文创印章。

这套印章由南开大学青年教师、资产公司企业形象推广部经理乔仁铭担纲总设计，设计团队由王爱莹、吴双、张婧仪、赵孟焕、耿浩然等5名南开学子组成。这些印章深植南开文化土壤，于方寸之间讲述南开故事，大力弘扬南开"爱国、敬业、创新、乐群"光荣传统，展现了新时代南开风采风貌，在南开校园营造了令师生校友喜闻乐见的红色文化育人空间。

二、主要做法

（一）创新红色文化育人载体——借助文创印章传递南开精神文化

作为当今备受人们喜爱的互动方式，文创印章近年来悄然走红。此次南开大学资产公司组建的师生团队紧抓"集章"这一撬动红色文化育人的新载体，将传统的印章艺术与丰富的南开元素紧密融合，让南开精神文化在焕发新光彩同时，也侧面带动了一波新的"南开流量"。

从心理学视角来看，在同类物品具备一定统一性的情况下，人们容易产生收集的意愿。而"集章"需要人们亲身到访操作，所付出的时间、精力等成本，更增强了其仪式感、纪念性，更容易加深人们对于所看到事物、所经历事件的印象。同时，印章设计创作的过程，需要考虑其操作性、交互性、艺术性等因素。因此，设计团队在确定使用文创印章作为内容载体后，即通过资料查阅、考察调研、对比分析等方式对印章类型、材质、印油等进行了综合评估，并最终使用即印即干、持久耐用、安全环保的光敏印章作为此次文创印章的呈现载体，并同步结合光敏印章特性开展印章设计工作。

创作之初，设计团队还对印章展示的红色文化空间"集章点"进行了设计规划，确立了简洁、大方、活泼为主基调的环境氛围。值得一提的是，为了让集章者深入了解印章"印记"背后的南开红色故事，设计团队在印章"打卡"点旁，"配备"了相应的文字介绍卡片，以期进一步丰富文化空间内涵，与集章者开展更为深入的分享互动。

（二）提炼红色文化育人元素——设计具象化符号分享南开"印记"

南开大学具有丰厚的红色文化资源，红色基因流淌于南开血脉，构筑起南开精神的鲜明底色。对于文创印章制作，提炼设计具象化符号，是承载这些宝贵红色文化资源的重中之重。

为此，设计团队挖掘梳理、提炼归纳，花费近 4 个月时间收集设计素材、反复修改，最终形成了 29 款蕴含南开精神文化元素的文创印章。这些印章不仅是展示南开精神文化的符号，亦从不同角度呈现南开红色文化、讲述南开历史故事、分享南开"印记"，其中有许多印章颇具特色。

"南开大学"印章将校名与

路牌融合设计。众所周知，南开大学是教育部直属重点综合性大学。学校肇始于 1904 年，成立于 1919 年，由近代爱国教育家严修、张伯苓秉承教育救国理念创办。学校坚持"允公允能，日新月异"的校训，弘扬"爱国、敬业、创新、乐群"的传统和"文以治国、理以强国、商以富国"的理念，以"知中国，服务中国"为宗旨，以杰出校友周恩来为楷模，作育英才，繁荣学术，强国兴邦，传承文明，努力建设世界一流大学。

校钟

该印章展示的是"南开大学校钟"。校钟坐落于南开大学主楼后广场上。1937 年日寇毁校前，南开大学曾有一座老校钟，此钟辗转多处，后在张伯苓校长的交涉下，移至南开园作校钟。南开罹难后，校钟被日寇掠走，不知所踪。1997 年，在南开大学被日寇炸毁 60 周年之际，学校获校友捐款，重铸校钟。校钟高 1.937 米，寓意南开人牢记 1937 年日寇侵华毁校的国耻、校耻。钟的周边雕刻着 60 枚校徽图案，寓意南开遭受日军轰炸后 60 载的历程。钟与钟架衔接的钟钮两面是卢沟桥石狮造型，象征"七七"抗战烽火的历史见证。

"刚毅坚卓"印章展示的是西南联大校训。1937 年 7 月，南开大学校园遭到日军轮番轰炸和纵火焚烧，校园建筑仅存一座思源堂，美丽的南开园沦为一片废墟。面对日军的野蛮行径，张伯苓说，敌人此次轰炸南开，被毁者为南开之物质，而南开之精神，将因此挫折，而愈益奋励。抗日炮火中，北大、清华、南开师生同赴国难、举迁昆明，合组西南联大。"刚毅坚卓"这四个字写在中华民族最危难的时刻，写在战火纷飞的年代。西南联大虽然只存在了短短八年零八个月，却谱写了中国高等教育史上的光辉篇章。

　　该印章展示的是"西南联大纪念碑"。纪念碑位于八里台校区大中路尽头。这座碑是为纪念西南联大建校 70 周年所建，由我校历史系 77 级校友于 2007 年捐资，按昆明西南联大原址的纪念碑复制而成。在此纪念碑碑阴，镌刻着"国立西南联合大学抗战以来从军学生题名"。这份名录向世人讲述了联大师生高尚的家国情怀，鲜明表达出对抗战期间西南联大投笔从戎师生的崇高敬意。

该印章为"容止格言"。严修先生曾为南开学校题写"容止格言"，悬于校门内左壁大镜之上："面必净，发必理，衣必整，钮必结；头容正，肩容平，胸容宽，背容直。勿傲，勿暴，勿怠；宜和，宜静，宜庄"。面对镜中的形象，学生们可以清楚看到自己是否仪表整洁、面貌一新。这40字箴言，成了南开学生最早的文明礼貌和遵守纪律的行为规范。"镜箴"至今仍影响着南开学子的一言一行，也早已印在无数南开人的心中。

"思源堂"印章展示的是校园内的老建筑。思源堂始建于1923年，由美国洛克菲勒基金会和袁述之先生共同捐资兴建。因此，"思源"二字，既是教育南开学生饮水思源，也有感念袁述之先生的含义。整幢大楼为三层混合结构楼房，是一座具有古典主义建筑风格的西洋建筑。1937年日军轰炸南开大学时，思源堂受损严重。思源堂见证了南开百年风雨，同时也是中华民族英勇抗战、坚韧不屈的象征，是当年经历日寇炮火而保留至今的唯一老建筑。2019年10月16日，思源堂入选第八批全国重点文物保护单位名单。

在南开大学八里台校区马蹄湖的湖心岛上，屹立着一座1979年落成的白色大理石纪念碑，纪念碑正面镶嵌着南开杰出校友周恩来的金色头像，头像旁镌刻其手迹"我是爱南开的"，这款印章便是来自于此。值得注意的是，在八里台校区和津南校区周恩来总理塑像基座正面同样刻有周总理手书"我是爱南开的"。现在，不论是南开师生校友，抑或前往南开大学参观的人们，都会选择在此拍照留念。"我是爱南开的"这句话，已经成为南开人的集体记忆，成为这座知名学府的文化符号。

（三）打造红色文化育人空间——设立集章点掀起"打卡"南开热潮

为让更多师生校友前往集章点"打卡"，学校品牌文化店与设计团队联合策划多场"集章"活动，掀起了一波又一波"打卡"南开热潮，着力将集章点打造成具有吸引性、参与性、互动性的南开红色文化育人空间。

根据印章内容，此次推出的 29 款文创印章被分别放置在南开大学品牌文化店"南开大学科技园店""八里台校区芝琴楼店""津南校区理科店""天塔店"等 4 个集章点，全部用以免费盖章"打卡"。

在这个过程中，学校品牌文化店与设计团队将"集章"活动与高考招生、毕业季、新生报到等重要时间节点紧密结合，聚焦学校中心工作，借助"南开大学品牌文化店"微信公众号加强"集章"活动宣传推广，推出《南开大学高招咨询会即将启动！更有考生专享福利、集章打卡等你来参与！》《定格毕业瞬间，留影青春芳华——快来品牌文化店拍毕业照吧！》《天开墨韵，印鉴南开|29 枚时光印章等你邂逅！》等新媒体推文，起到了良好的宣传效果。

自从这套印章在南开园"亮相"以来，时常可以见到三三两两的南开学子结伴而行，互相"种草"自己盖到的印章。许多前来"打卡"的师生校友表示，"集章"是重温南开历史、传承南开光荣传统、赓续红色血脉的过程，也是深入了解南开精神文化的过程，这进一步增强了自己爱国报国、爱校荣校的情怀。盖下印章，相当于留下了独特的南开"印记"，而翻看这些印章符号，也能够深深唤起南开学子对南开的美好记忆。

设计团队表示，"集章"是传递南开精神力量的过程，也是传扬红色文化、感受南开文化的契机。团队期望借助各类"集章"活动，让更多人走近南开、了解南开，增强其仪式感、纪念性、趣味性，深切感受南开红色文化育人空间的魅力，令大家的南开"印记"变得有形有色、鲜活多姿、充满浓浓的回忆。

三、经验启示

（一）文创产品在红色文化传播中发挥着重要作用

优秀的文创产品，不仅能成为了解南开的一扇窗户，而且能成为建立情感连接的一座桥梁。红色文化是社会主义核心价值观建设的文化基础、文化资源和文化素材。从本案例可以看到，创作研发文创印章等具有个性化、定制化的爆款文创产品，有助于红色文化传播，其作为文化载体有利于擦亮南开文化名片，提升南开文化显示度、亲和力、影响力。因此，在传承红色文化的过程中，可以适当借助文创力量，强化传播效果。

（二）提炼具有代表性的符号元素有助于红色文化传播

符号具有文化和社会意义，可以承载不同的含义及象征意义。同时，符号是理解和认知的重要工具，其作为一种信息传递手段，具有广泛的应用和深远的意义。在本案例中可以看到，从南开历史文化、人物故事、校园建筑等提炼并设计创作的印章符号元素，能够快速向人们传递分享南开精神文化，是助力南开红色文化传播的有效方式。因此，在传播红色文化过程中，可以适当利用艺术表达手法设计能够让人们产生共情共鸣的符号，如吉祥物、表情包等，增强传播吸引力。

（三）结合重要时间节点策划红色文化系列推广活动十分必要

从本案例可以看到，借助文创印章，组织策划有节奏、可延续的"集章"活动，有助于强化活动影响力、曝光度，取得更为显著的活动实效。这一方面是结合学校特点，围绕学校中心工作，聚焦招生、开学、毕业等重要节点开展红色文化推广活动；另一方面，是着力加强宣传，通过新媒体平台吸引更多活动参与者。这启示我们对红色文化活动的策划应注重时节，科学统筹，全局把控，并充分重视活动宣传推广。

四、深入思考

本案例深度挖掘并巧妙运用南开红色资源，借助印章作为文创载体生动展现南开精神文化，吸引师生校友的广泛参与。应当看到，文化与创意结合有助于红色文化的宣传推广，文创产品能丰富南开文化体验的内容与形式，增强南开文化的吸引力，因而设计开发具有南开文化内涵并能引发情感共鸣的文创产品十分必要。文创产品的设计研发需要培养组建专业设计团队，注重文化内涵与艺术价值的结合，应在充分提炼南开红色文化元素的基础上，赋予文创产品深刻的文化价值，从而提升产品的互动性、体验性，加强与师生校友的情感连接。借助"集章"等喜闻乐见的文创活动形式，有助于强化文化育人效果，增强南开文化活力、动力，对打造富有南开红色文化元素的校园育人空间环境具有积极作用。

（乔仁铭，南开大学资产公司）

感知中国，津彩研行：留学生的红色文化体验之旅

——以"文化研行"为抓手，促进留学生群体对中国的立体感知和深度认同

引 言

文化自信是最基本、最深沉、最持久的力量，中华文化、中华精神是我们文化自信的源泉。坚定文化自信，讲好中国故事，是全球化大潮中提升中华文化影响力的必由之路。在中国经济发展、社会建设和历史文化成就逐渐被世界认可的新时代，中国不仅在国际舞台上发挥重要作用，还吸引诸多外国友人来到中国、了解中国，留学生群体便是其中的典型代表。留学生群体作为文化交流使者，可以通过实地体验、群体交流、文化教育等方式来感受中国传统文化和发展模式，提升在华的认同感和归属感。

南开大学国际事务与公共政策全英文项目留学生借助课程资源，开展天津特色研学活动，在实地参观中感知天津城市的发展历史和角色定位，理解中国传统文化和现代文明的交织与碰撞。此次研学活动既包含传统的扎染文化体验，又包含天津港保税区的现代科技发展，文化和活动形式丰富多样。课堂讲授和实地调研相结合，能够增进学生对天津城市发展历史与现状的感性认知。此次活动不仅是一次文化之旅，更是一次心灵之旅，让留学生们在实践中感受中国的发展成就和文化魅力。

一、背景情况

（一）全球化背景下的文化自信

在全球化的宏大叙事中，文化交流和传播已成为连接不同文明、促进国际理解与合作的桥梁。中国，这个承载着五千年灿烂文明的国家，在新的历史起点上，仍以坚定的文化自信推动着社会的全面发展以及国家软实力的提升。同时，中华文化也凭借其经久不衰、历久弥新的魅力吸引众多同好友人来华，中国更应讲好中国故事，增强中华文化的影响力和生命力。

国际留学生作为文化交流的使者，能够增进不同文明的对话和发展，从而为保护世界文化多样性贡献力量。来华留学生在中国文化环境中接受教育，有机会向国际社会展示真实的中国形象，就西方世界对中国的文化和政治抹黑进行强烈反击。将国际留学生作为对外构建中国话语和叙事体系的关键一环，发挥"他者镜像"的独特作用，以此推动中国的文化传播能够更加广泛和深远，让世界更好地听到中国的声音。

（二）红色文化的传承与创新

红色文化是中国特色社会主义文化的重要组成部分，它承载着中国共产党的初心和使命，是中华民族精神的重要体现。红色文化包含了丰富的教育资源，如革命博物馆、纪念馆、党史馆、烈士陵园等，这些都是党和国家的红色基因宝库。在实地教育过程中，情感培育和价值观塑造也是重要的切入点，通过生动讲述红色故事，留学生能够更加深入地了解中国。

将中国红色文化融入留学生教育过程中，能够进一步促进其对中国共产党执政的必然性以及中国特色社会主义制度强大生命力的深刻理解。天津，作为中国近代历史的缩影，拥有独特的地理优势和丰富的历史文化资源。这里不仅是中国近代工业的摇篮，也是许多重要历史事件的发生地，红色文化资源尤为丰富。系统地整理和创新性地利用这些资源，能够将其作为留学生课堂的有益补充，通过实地考察、交流互动等形式，使留学生亲身体验天津的历史底蕴和现代风貌，建立起留学生对中国传统文化、发展模式和价值观念的立体感知和理解。

二、主要做法

（一）聚焦项目，培育知华友华情

南开大学周恩来政府学院始终重视来华留学生的价值观培育工作。学院秉承南开大学光荣的爱国主义精神和"知中国，服务中国"的优良传统，通过多种方式将思政教育融入留学生的学习和生活中，致力于将其培养为中国故事的国际宣讲员和推动构建人类命运共同体的世界践行者，使其成长为对外文化传播的重要力量。

国际事务与公共政策专业是 2014 年 12 月南开大学获教育部批准在政治学一级学科下自主设置的二级学科，面向国际留学生实行全英文授课培养，旨在培养学生的全球视野，让他们获得在外事机构、国际组织、外交部门、国际新闻和跨国公司业务部门等一系列行业从事职业发展的能力。该项目留学生来自不同国家，能够理解中国基本国情，对中华传统文化也具有较深的情感认同，他们在实践中了解真实的中国发展现状，是向世界讲好中国故事最有效、最直观的方式之一。留学生群体也能充分发挥文化桥梁作用，让世界更好地认识和了解中国。

（二）依托资源，转化教育实地性

天津市作为北方最早的开放城市之一，是中国汲取世界近代文明的重要窗口，在中国近现代发展史上占据重要地位。在经济领域，天津曾是中国北方的金融中心和商业重镇，北方近代商业的双子星座之一。在文化领域，天津是东西方文明的交汇点，保留了丰富的历史文化遗产。在政治领域，天津的革命活动对于推动中国的政治变革和民主发展产生了深远影响。因此，天津积累了丰富的文化资源，对中国青年和留学生群体都具有较好的教育意义。

依托城市资源，开展实地教育。在研学活动开展过程中，留学生在风景秀丽的睦南公园和民园广场感受天津独特的建筑艺术和人文风貌；在中国银行博物馆天津分馆了解天津金融体系建设的历史脉络，感受中国银行的百年历史文化积淀与金融报国初心；在天津港保税区了解保税区的建设历程、发展成就和未来前景及公共文化空间的建设情况；在海鸥手表厂、天津纺织厂等博物馆了解天津近现代轻工业的发展历程与成就，亲身体验传统的扎染工艺。天津在不断推进学习型城市建设，完善终身学习服务体系，为留学生提供了更多的学习和体验机会，不仅能够增进留学生相关知识和技能，还能使留学生深入理解和体验中国的文化、历史和社会发展。

（三）融入实践，思政课程展新篇

课程是实现价值观传播的重要依托，也是学校开展价值观教育的有效途径。然而仅仅依靠传统课堂上的传授，效果相对有限，很难让留学生群体对中华文化及其核心价值观形成科学、正确的认知和理解，甚至有可能形成不同文化价值的张力。将价值观培育课堂的地点设在真正的中国日常场景中，更有利于留学生理解中国人的生活状态和价值选择。

研学活动将课程思政融入教学实践，提高育人效力。在天津研学之旅中，张老师跟随学生队伍针对性答疑解惑，有效彰显中华文化的核心价值观，打造出课程思政教育的实践品牌。同时，留学生群体也能够亲眼见证中国道路和中国式现代化在天津城市发展中的生动体现。活动结束后，留学生群体也纷纷表示此次研学活动对于重塑自身的价值认知、深度理解中国特色社会主义实践具有重要作用。春风化雨般的文化浸润往往能够更触达内心深处，真正形成不同文明之间的情感联结，使"美美与共，天下大同"成为可能。

三、经验启示

（一）利用地方资源，促进实地体验与思政教育相融合

天津作为具有丰富红色文化资源的城市，利用其独特的历史建筑、博物馆等资源，为留学生提供了深入了解中国红色文化的窗口。研学活动通过组织留学生参与实地调研和体验活动，将红色文化教育与实践活动相结合，将课堂知识和亲身体验相结合，使留学生在参与中学习，在实践中感悟，让留学生在亲身体验中深刻理解中华文化的历史意义和现实价值，提高教育的实效性和感染力。

（二）聚焦相应群体，促进跨文化交流互鉴

留学生群体在跨文化交流中具有不可替代的作用，利用留学生的多元文化背景，促进跨文化交流，不仅能够增进他们对中国红色文化的理解，而且能进一步拓展他们的国际视野，使他们成为传播中国文化的国际使者。我们一方面要不断优化针对留学生群体的价值观培育体系，另一方面要积极搭建他们向国际发出声音的广阔平台，扩大中华文化影响的广度和深度，贡献独特的中国智慧。

（三）激发情感共鸣，增强留学生群体的归属感和认同感

在本次"感知中国，津彩研行"活动中，项目特别注重培养留学生对中国的情感认同。通过让他们亲身参与到中国的社会文化活动中，感受中国人民的热情好客和中国社会的和谐发展，从而在情感上与中国建立更紧密的联系。这种情感上的共鸣和认同感的培育，对于留学生来说，是一种更深层次的文化体验，它超越了知识和理论的层面，触及心灵的深处，使他们更加珍视与中国的联系，愿意成为促进中外

友好关系的桥梁。

四、深入思考

（一）建立留学生文化教育的长效机制

留学生群体的价值观教育不只在一朝一夕，需要确保持续性和系统性，形成良好的文化传播生态，才能真正为"走出去"战略不断输出价值观相符、专业技能过硬的国际人才。一方面，要充分整合留学生价值观教育资源，在中文能力的培养与专业知识的传授之外，融入中华文化的核心价值理念，增进他们对不同文化间的理解和交流；另一方面，应当定期组织类似的实践活动，让留学生深入真实的中国场景，在日常生活中提高他们对中国文化价值观的理解度和认同度。

（二）探索多元化的教育方法和手段

当前中华文化的对外传播主要形成了以孔子学院为主体的"走出去"与来华留学教育的"请进来"相互配合的格局。来华留学生具有明显的环境和资源优势。在此基础上，仍然可以引入诸多现代科技手段，如虚拟现实（VR）、增强现实（AR）等，创新教育方式，提高教育的趣味性和互动性，让来华留学生在沉浸式体验中更深入地了解和感受中国文化。

（三）加强国际合作，搭建交流平台

推动中华文化向外传播是一项系统性工程，需要多元主体的努力和全链路的支持。对外进行中华文化传播，既需要中华文化认同构建，也需要搭建畅通的发声渠道。在教育方面，高校可以推动与国际知名高校和机构的合作，共同开发学位项目、研究计划和文化交流活动，促进资源共享和文化交流；在对外宣传方面，要积极整合资源，通过举办文化节、艺术展览、音乐会、美食节等多种形式，使来华留学生担任文化推广活动的志愿者和代言人，展示中华文化的多样性魅力，有效推动中华文化的国际传播，增强中华文化的全球影响力。

（张志红、亢玉静，南开大学周恩来政府管理学院）

赓续红色足迹 传承"科学家精神"
构建组织育人新模式

——以"永怀精神"为依托全面推进红色文化育人

引 言

南开大学物理科学学院党委以政治建设为根本，以专业需求为导向，深入挖掘学科红色资源优势，依托对南开大学杰出校友、"两弹一星"元勋、烈士郭永怀先生的事迹精神开展了深入研究，开展一系列根植专业需求、品牌特色鲜明、辐射作用突出的组织育人探索。学院党委以"永怀精神"为依托，持续深入构建"党建+科研"型组织育人新模式，在学院、学校、社会范围内争做示范引领，形成辐射带动，努力营造科研报国的良好氛围，打造具有"样板效应"的党建工作特色品牌。近年来，基于学科特色和红色资源，学院连续组织师生社会实践，在校内校外开展新时代红色文化育人教育，形成了一批红色氛围浓厚、学科特色鲜明、师生反响热烈的典型活动。

一、背景情况

郭永怀，著名力学家、应用数学家、空气动力学家，中国科学院学部委员，近代力学事业的奠基人之一，南开大学物理学科杰出校友。1999 年被授予"两弹一星荣誉勋章"，是该群体中唯一一位获得"烈士"称号的科学家，也是唯一研究涉及了原子弹、导弹和人造卫星三个领域的科学家。1929 年，郭永怀先生考取南开大学预科理工班，1931 年转入本科学习物理专业。郭永怀先生在新中国成立后毅然归国，为

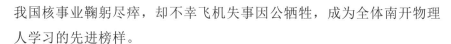

我国核事业鞠躬尽瘁，却不幸飞机失事因公牺牲，成为全体南开物理人学习的先进榜样。

自 2018 年 7 月以来，物理科学学院实践队连续 6 年开展永怀系列社会实践活动，分别赴山东荣成、青海原子城、天河超算中心等有关郭永怀先生生活工作的场所以及大科学装置、大国重器院所开展社会实践，从物理学科出发，探寻这位才华横溢、有远见卓识的著名科学家和技术领导人的生平，深入挖掘他的思想，并结合师生的物理学学科特色背景，贴近时代，助力学生立大志、明大德，进而成大才、担大任，成为南开大学新的骄傲。

二、主要做法

（一）追寻"永怀精神"，再访山东荣成郭永怀故乡

为以党建引领学生专业实践，营造科研报国的良好学术氛围，深入挖掘南开校友、"两弹一星"元勋、烈士郭永怀事迹精神，学院组建"传扬永怀薪火，勇担时代使命"系列主题实践团队，先后前往其家乡山东荣成及其学习工作地北大、清华、中科大、中科院力学所、青海原子城等地进行实践，深入感悟和调研"永怀精神"，在郭永怀事迹陈列馆、青海原子城国家级爱国主义教育示范基地纪念馆等地建立社会实践基地，搭建了馆校协同的常态化实践项目和联系机制。2024 年 7 月，学院组织师生 10 人前往山东荣成，与清华大学、北京大学、中国科学技术大学等其余五校师生共同学习实践。

自 2018 年以来，物理科学学院连续 6 年组织师生前往山东荣成开展社会实践，与以荣成郭永怀事迹陈列馆为代表的一系列单位进行良好合作，形成高校与地方合作的红色育人模式，至今已覆盖学院本科学生超 100 人次。在郭永怀故居，师生重温郭永怀成长经历，感悟他一路求学的坚定与追求。在郭永怀事迹陈列馆，师生了解历史、体验风洞，分享永怀事迹所带来的感悟。在刘公岛，师生重走总书记视察之路，参观甲午战争博物馆、东泓炮台、防空洞遗址，追忆历史，

坚定努力学习、科研报国的信念与决心。在国核示范电站、华能石岛核电站，师生亲身感受我国核电事业发展和科技进步，在工作人员的介绍中坚定南开学子为祖国强大而不断努力的决心。

师生们在"国帜三易遗址"合影

（二）探寻"大国重器"，走进国家超级计算天津中心学习新时代总体国家安全

紧跟党的理论创新步伐学思想悟思想，深入学习贯彻习近平新时代中国特色社会主义思想。国家安全是国家生存发展的基本前提，面对新时代面临的新问题，结合学科特色，学院引导学生参与学校"凝心铸魂"主题社会实践，在社会实践的过程中读原文、悟原理，将理论课本所讲与物理课堂所学、学习生活所感结合起来，并走进大院大所，近距离贴近守护国家安全的"大国重器"，从思想到实践，从技术的"一斑"窥见总体国家安全的"一豹"，最终学习制作以学生视角讲述的思政课视频，在同学中形成良好的活动引领和价值导向。

物理科学学院立足学科专业特色，结合学生发展实际，组织师生于 6 月 27 日前往天津市滨海新区国家超级计算天津中心开展实践交流。中心党组成员、高性能计算业务负责同志雷秀丽带领师生参观了中心展厅、机房等地，介绍了中心作为我国超算科技自立自强的代表，在科学研究、创新服务、科教协同等方面的丰硕成果，与师生共同学习回顾了习近平总书记多次视察天河团队的重要讲话精神，鼓励同学们面向国家重大需求与世界科技前沿，扎实学识，敢做善为，为实现科技强国的宏伟目标贡献青春力量。

（三）强化内外联系，形成一批党史学习教育特色宣讲

以学院红色历史底蕴为特色，以实践交流调研成果为基础，学院党委组织建立南开大学学生永怀精神宣讲团，鼓励师生积极将自身工作融入天津市大中小学思政一体化建设和学校"师生四同"工作，积极谱写新时代"大思政课"。多年来，宣讲团成员前往天津市各大中小学、社区基层开展宣讲百余场、覆盖 4 万余人，广受媒体报道。

学生永怀宣讲团优秀党员代表先后代表南开大学接受中央党史学习教育重点督察观摩，向教育部党史学习教育高校第二指导组进行党课汇报展示，在全国高校青年宣讲团联讲启动会、全国高校研究生党的十九届四中全会精神学习论坛等大型活动中宣讲时代强音。

（四）立足"永怀"IP 强化新生教育，培育一部爱国颂党精品原创话剧

为迎庆物理学院建院百年，在学院党委的领导下，学生党员骨干自编自导并组织排演话剧《永怀》。话剧《永怀》入选南开大学爱国主义精品话剧，在校内进行多场展演，并先后在武清区、宁河区、静海区青少年党史学习教育活动中进行专场展演，覆盖超 4000 人次。话剧得到天津市委宣传部、市文明办、天津市科协、市教育两委、团市委和天津北方演艺集团的大力支持，并在天津人民艺术剧院实验剧场进行爱国颂党主题展演，相关事迹被《光明日报》、人民网、新华社、天津新闻、《天津日报》等众多媒体报道。发掘红色资源，强调传承育人，学院连续 4 年组织新生永怀话剧节进行话剧《永怀》排演，作为新生学风建设第一课，用"学弟学妹演学长"的方式，引导学生向老一辈科学家学习。

师生在《永怀》话剧结束后合影留念

三、经验启示

（一）坚持党建引领，构建育人新模式

将党建工作与科研、教学、社会实践等紧密结合，能够形成强大的育人合力。通过"党建+科研"的模式，学院不仅强化了学生的思想政治教育，还激发其对科研的热情和对国家发展的责任感。这种模式的实施，需要学院党委的坚强领导和师生的积极参与，确保红色文化教育与专业教育的深度融合。

（二）挖掘学科红色资源，打造特色品牌

依托学科特色和红色资源，打造了一系列具有鲜明特色的红色文化教育品牌。通过组织师生参与永怀系列社会实践活动，让学生在实践中学习科学家精神，感受科研报国的使命。这种品牌建设，不仅提

升了学院的社会影响力，也增强了学生的归属感和荣誉感。

（三）强化内外联系，形成协同育人机制

通过与外部单位的合作，与郭永怀事迹陈列馆、国家超级计算天津中心等单位以及其他兄弟院系、基层社区单位建立合作关系，学院形成了内外联动的育人机制。这种机制的建立，不仅拓宽了学生的实践平台，也丰富了学院教育资源，提高了教育的实效性。

（四）创新教育方式，提升教育吸引力

在红色文化教育中，学院注重创新教育方式，通过话剧、宣讲团等形式，使教育内容更加生动、形象。这种创新，不仅提高了教育的吸引力，也增强了教育的感染力，使学生在愉悦的氛围中接受教育。

（五）注重实践与理论的结合，实现知行合一

强调在实践中学习理论，在理论指导下进行实践。学院通过组织学生参与社会实践，让学生在实际工作中体验和理解理论知识，实现了知识的内化和外化。

四、深入思考

（一）进一步深化红色文化教育的内涵

红色文化教育不仅是对历史的回顾，更是对未来的启迪。要进一步深化红色文化教育的内涵，使其更加贴近学生的实际需求，更加符合时代的发展要求。不断更新教育内容，创新教育方法，使红色文化教育更加生动、有趣，更能激发学生的兴趣和热情。

（二）构建更加开放的红色文化教育平台

在全球化的背景下，红色文化教育也需要具有更加开放的视野。可以考虑与国内外的教育机构、科研机构、文化机构等建立合作关系，共同开发红色文化教育资源，共同举办红色文化教育活动。这种开放的平台，不仅能够丰富教育资源，也能够提高教育的影响力。

（三）利用现代信息技术提升红色文化教育的效果

现代信息技术为红色文化教育提供了新的手段和平台。可以通过

建立在线教育平台、开发教育 APP、利用虚拟现实技术等，使红色文化教育更加便捷、高效；同时，也需要关注信息技术在教育中的应用，如何更好地服务于教育目标，如何更好地满足学生的需求。

（四）培养一支高素质的红色文化教育师资队伍

教师是教育的关键，学院需要培养一支既懂专业又懂教育的红色文化教育师资队伍，加强教师的培训和培养，提高教师的专业素养和教育能力；同时，也需要为教师提供良好的红色文化工作环境和条件，激发教师的工作热情和创新精神。

（五）评估红色文化教育的效果

评估是教育的重要组成部分。需要建立一套科学、合理的红色文化教育评估体系，对教育的效果进行客观、全面的评估。这不仅需要关注学生的知识和技能的掌握情况，也需要关注学生的情感、态度和价值观的培养情况。通过评估，可以及时发现教育中的问题，不断改进教育方法，提高教育质量。

（李凡一、李天驰，南开大学物理科学学院）

赓续南开红色基因　厚植以文化人沃土

——以图书馆传统文化阅读推广助力新时代爱国主义教育

引　言

近年来，南开大学图书馆认真学习贯彻习近平总书记关于传承发扬中华优秀传统文化、加强爱国主义教育的重要论述和视察南开大学时的重要讲话精神，深入挖掘中华优秀传统文化的爱国主义教育资源宝库，利用大量鲜活、灵动的素材，开展了 200 余场中华优秀传统文化系列主题阅读推广活动，着力打造了融汇爱国精神、传统文化与南开品格的校园文化展示交流平台，努力实践中华优秀传统文化的创造性转化、创新性发展，助力新时代爱国主义教育。

南开大学图书馆将推进中华优秀传统文化阅读推广与开展爱国主义教育相结合，依托自有各类媒体、南开大学新闻网和社会知名媒体宣传报道，扩大了活动影响力和教育辐射范围。活动被教育部新闻办、人民日报等主流媒体和机构宣传报道累计刊发转载千余条，在全校、全市乃至全国产生了广泛而积极的反响。

一、背景情况

习近平总书记高度重视文化遗产保护传承工作，强调要引导广大师生为传承中华优秀传统文化、建设社会主义文化强国作出贡献。南开大学图书馆依托丰富的图书资源和空间平台，通过深入挖掘整理馆藏资源、邀请非遗传承人来校讲座传艺等方式，开展了主题书展、文化展览、讲座沙龙、师生共读、技艺展示等"非遗进校园"系列活动和中华优秀传统文化阅读推广活动，为广大师生了解中华优秀传统文化搭建丰富的学习体验平台，坚定文化自信，厚植爱国情怀；同时，深入挖掘南开校史文化，展示南开人在弘扬中华优秀传统文化中的动人故事，铸牢南开爱国之魂，树立核心价值追求，取得了丰硕的成果。

二、主要做法

（一）聚拢学校优势资源，营造传统文化书香育人环境

国潮之下，非遗文化重焕新貌，为传承弘扬优秀传统文化，南开大学图书馆利用空间优势，选择读者流量密集区域，在两校区馆舍开辟主题书展区，举办了"华夏瑰宝　光耀传承——中国非遗文化主题书展"，从"非遗概览""理论研究""传记故事""表演艺术""民俗技艺"和"南开传承"六个专题集中展示馆藏图书 400 余册；同时，通过图书馆微信公众号等新媒体平台对《周恩来与中国传统文化》等精选图书进行宣传展示与内容解读，加大了教育辐射力度，既让校内外读者感受中华传统文化之美，更激发了南开师生的民族自豪感、责任感和使命感。

依托馆藏丰富的图书文献资源，南开大学图书馆近年来已举办 20 余场以爱国主义教育为内核的中华优秀传统文化主题书展和图文展，累计万人观展。"光阴流转，岁月如歌——中国时间图文展""时间的智慧——二十四节气图书推荐"以"二十四节气"为主题，通过古画与古诗词图文展和主题图书展向大家讲述中国二十四节气的来历和漫漫十年申遗路的艰辛历程，带领师生感受中国古人的智慧，见证一群爱国人士们毕生致力于中华优秀传统文化传承保护的坚持与付出。"典籍里的中国智慧——《中华传统文化百部经典》阅读推广展"促进师生深入阅读中华传统文化经典著作，使其更好地理解其中蕴含的深邃思想和无穷智慧，从中华文化中汲取力量，让中华民族古老智慧在新时代焕发出全新的光彩和生机。

汇聚校内名师资源，图书馆还开展了"名家读经典"通识课程和

师生共读交流活动，搭建第二课堂活动育人。目前师生共读活动已持续举办了 76 期，每期由一位教师领读一部图书。《毛泽东与孔夫子》《四大名著导读》《淮南子》……教师们从爱国主义的角度解读中华传统文化经典读物，探寻中华民族有容乃大的民族精神，树立文化自信，厚植爱国情怀。同时，图书馆还邀请师生共读活动主讲教师录制"丽泽读书短视频"，向师生推荐如讲述叶嘉莹先生在南开的诗教传承的《为有荷花唤我来——叶嘉莹在南开》等书籍，更广泛地激发南开师生的共鸣。

丽泽读书短视频《为有荷花唤我来——叶嘉莹在南开》

（二）加强社会协同联动，凝聚传统文化书香育人合力

一把剪刀，一张红纸，手艺人的指尖翻飞，栩栩如生的精美图案不一会儿便跃然纸上……南开大学图书馆联合天津市非物质文化遗产杨柳青剪纸项目代表性传承人郝桂芬女士，在第十三届南开读书节期间举办了"剪秀乾坤，纸谱新篇——中国剪纸作品展"，展品不仅有七米长卷《清明上河图》、人物栩栩如生的《琴韵》《赶集》等传统剪纸作品，更有为庆祝党的二十大胜利召开而创作的《迎盛会，颂党恩，永远跟党走》、为庆祝中国共产党成立 100 周年而创作的《弘扬红船精神，传承中华美德》、展现伟大抗疫精神的《捍卫绿色生命，守护祖国平安》、弘扬新时代社会风貌的《自强路上我们同行》等时代性作品，

以生动的姿态展现中国非物质文化遗产的独特魅力。在剪纸非遗技艺体验沙龙活动中，现场师生在非遗传承人的指导和演示下，剪出了一艘艘党旗飘扬的"红船"，献礼党的二十大。

剪纸非遗技艺体验沙龙

与社会优质文化育人平台联合开展中华优秀传统文化进校园系列活动，并与爱国主义教育和南开爱国精神的传承弘扬相融合，是南开大学图书馆发挥第二课堂文化育人阵地作用的创新性举措。

在图书馆品牌活动"丽泽讲堂"中，南开大学京剧传承基地刘佳教授与来自兄弟高校和天津专业剧团的表演艺术家王钦等讲授"京剧党课"，以京剧表演艺术讲述党史故事；天津杨柳青画社非遗传承人苏丽妍、高筵为师生讲解、演示入选首批国家非遗名录的杨柳青木版年画和木版水印技艺，并指导师生们通过刷绘、套印等工序，体会中华优秀传统技艺的匠心和魅力；天津海河传媒中心音乐广播品牌节目制作人陈凌灵等，从笔墨到山水，从音律到诗词，带领师生走进中国美学的黄金时代，讲述中国在国际社会中以传统文化的传播打开合作交流的新篇章。

在文化展览活动中，南开大学图书馆与天津杨柳青画社共同举办"天津杨柳青木版年画精品展"，其中展现南开杰出校友周恩来总理关怀杨柳青年画发展的作品《杨柳春风》令师生动容；与天津市非物质文化遗产保护中心联合举办"弦声响碧空 信任往来风——'风筝魏'精品展"及非遗技艺体验沙龙，带有红色文化元素的非遗风筝展品成为师生参观学习的焦点；与国家图书馆联合主办"年华易老，技·忆永存——第四届国家级非物质文化遗产代表性传承人记录工作成果展映月暨工作回顾展"，以线下展览和线上纪录片展映方式，使师生全面了解此项工作对于传承发扬中华民族的文化精神、文化胸怀和文化自信的重要意义。

《杨柳春风》——天津杨柳青木版年画精品展

（三）鼓励朋辈互促交流，激发传统文化书香育人内驱力

"釉色莹黑，胎质坚致，一片叶子非画非印，完整无缺地烧入釉面中，盛满茶水，光芒灼灼，妙不可言……"南开大学校友、天津静象空间文化传播有限责任公司董事长及联合创始人屠金歌，在做客图书馆"丽泽讲堂"时，为师生娓娓讲述了"木叶盏"这一非遗技艺传承，以及自己与团队以非遗产业助力脱贫攻坚的创业经历，让师生们看到

了在非遗传承与扶贫事业中，南开青年的大有可为。

　　南开大学图书馆通过创新性地开展朋辈分享交流、"悦读之星"展示评选活动、丽泽悦享主题定制、主题图书策展人招募等活动，弘扬中华优秀传统文化，更在学生心中厚植下爱国主义情怀和报国强国之志。在"悦读之星"读书演讲风采展示评选活动中，参赛同学们以自己的所思所感和生动演讲，向师生推荐了百余部展现中华优秀传统文化、时代风貌和南开精神的优秀书籍。例如，带领师生从《天地人生：中华传统文化十章》中探寻中国思想和精神内核，感悟中华文化恒久的魅力；从《敦煌岁时节令》中了解敦煌文化、欣赏敦煌之美、传承中华文明；从《中国字　中国人》中了解中国字既体现了中华民族核心价值观的精髓，也承载着人类共同的文明成果和价值；从《张彭春论教育与戏剧艺术》等南开校史著作中感悟一代代南开人致力于传承中华文化的爱国情怀。在"丽泽悦享"主题定制活动中，来自历史学院2019 级硕士生中国史党支部的党员们进行了长征历史和长征精神宣讲，并亲手制作剪纸，将红军长征时的情景生动地展现出来，表达对党和祖国的热爱之情。在"主题图书策展人招募"活动中，南开学子自主策划和举办的"故宫奇妙游"主题书展，则通过历史、建筑、人物、学术研究及现代文物保护等方面展示其承载的五千年中华文明和在新时代焕发的新光彩。

三、经验启示

　　图书馆将中华优秀传统文化阅读推广活动与新时代爱国主义教育相结合，举办的很多主题展览、搭建的系列活动平台等已成为学校各学院、单位乃至校外团体开展爱国主义教育活动的首选，营造了浓厚的书香育人文化氛围，也积累了宝贵的经验，得到了有益启示。

（一）坚持以文化人，持续铸魂润心

　　南开大学图书馆充分利用馆藏中华优秀传统文化主题图书、红色文献以及音视频等电子资源，积极引进非遗等社会优质文化资源，借

助馆内学习空间、文化空间、阅读空间等，采用展览沙龙、名师领读、读书演讲风采展示、独立自主策展等多种创新性表达方式，在师生中广泛开展以爱国主义教育为内核的中华优秀传统文化宣传展示、图书荐读、交流研讨等活动，让师生沉浸式感悟中华优秀传统文化的独特魅力，不断增强文化自信，厚植爱国情怀，坚持以文化人，持续培根铸魂、启智润心。

学生策展的"故宫奇妙游"主题书展

（二）赓续红色基因，弘扬南开精神

南开大学图书馆在开展中华优秀传统文化主题阅读推广活动时，注重充分发掘展示人、事、物中所蕴含的"爱国奋斗 公能日新"的南开品格，传承百年南开红色基因，讲述百年南开爱国故事，发扬百年南开奋斗精神，由此激发南开师生强烈的自豪感与使命感，爱党爱国爱社会主义的深厚情怀与守护民族文化、立志报国强国的坚定决心。

（三）注入全新动能，助推传承创新

"不断赋予新的时代内涵和现代表达方式，不断补充、拓展、完善，使中华民族最基本的文化基因与当代文化相适应、与现代社会相协调"，是中华优秀传统文化传承发展的目标导向。将中华优秀传统文化和新时代爱国主义教育有机结合，赋予了传统文化更多的新时代内涵。南开大学图书馆近年来开展的相关阅读推广活动，参与人次达5.2万，活动平台阅读量达22.3万人次，吸引和造就了一大批校内外传统文化爱好者，为中华优秀传统文化的传承和保护提供有力人才保障，注入新的动能，助力中华优秀传统文化的创造性转化与创新性发展。

四、深入思考

聚拢学校优势资源、联动社会优质平台、鼓励朋辈互促交流，共同构成了南开大学图书馆以中华优秀传统文化阅读推广助力新时代爱国主义教育的完整体系。这一体系不仅有效提升了学生的文化素养和综合能力，更在他们心中厚植下爱国主义的种子，为培养具有深厚爱国情怀和高度文化自信的新时代青年奠定了坚实的基础。许多参加图书馆相关阅读推广活动的师生表示，这些活动以书为媒，让自己近距离接触体验到"非遗"等中华优秀传统文化独特的魅力，民族自豪感油然而生，将传承南开人弘扬中华文化的责任，把中华民族优秀传统文化进一步发扬光大。未来，图书馆将继续探索"传统文化阅读推广+新时代爱国主义教育"新模式，具体做法有以下几方面。

一是在利用馆藏纸质资源的基础上，充分挖掘内容丰富的电子资源作为弘扬中华优秀传统文化、开展新时代爱国主义教育的素材，注重形式的创新和载体的多元化，通过文字、声音、影像等多种方式呈现活动主题，丰富活动内容。同时，创新传播载体，积极运用短视频平台、网站等全媒体传播平台，运用虚拟现实、互动智屏等新技术新产品，进一步增强活动的吸引力、感染力。

二是在校内深入挖掘南开史、南开人、南开事中展现的对中华优秀传统文化的传承创新，探寻其爱国主义基因，并通过创新形式将其转化成南开特色的阅读推广活动，在师生中传扬以光荣的爱国主义传统为魂的南开精神。

三是与校外相关单位和优质平台广泛联合协作，形成育人合力。将校外优质资源引进南开，引进图书馆，持续开展"非遗进校园"等特色阅读推广文化活动，不断凝聚和扩大新时代爱国主义教育的传承力量。

（张丽、林红状、付士娟、龚雪竹、李诗苗、王渊，

南开大学图书馆）

弘扬"三种精神" 推进"五化"建设

——助力工会改革创新走深走实

引 言

党的十八大以来，以习近平同志为核心的党中央始终关心劳模劳动工作，礼赞劳动创造，讴歌劳模精神、劳动精神、工匠精神。2013年习近平总书记来到全国总工会机关同全国劳动模范代表座谈，强调必须大力弘扬劳模精神，发挥劳模作用；2014年习近平总书记在乌鲁木齐接见劳动模范和先进工作者、先进人物代表时，提出劳动精神；2016年习近平总书记在安徽主持召开知识分子、劳动模范、青年代表座谈会时，提出工匠精神；2020年习近平总书记在全国劳动模范和先进工作者表彰大会上，对劳模精神、劳动精神、工匠精神作出全面系统深刻阐述，强调劳模精神，劳动精神，工匠精神是以爱国主义为核心的民族精神和以改革创新为核心的时代精神的生动体现；2023 年习近平总书记在同中华全国总工会新一届领导班子成员集体谈话时指出，要大力弘扬劳模精神、劳动精神、工匠精神，发挥好劳模工匠示范引领作用，激励广大职工在辛勤劳动、诚实劳动、创造性劳动中成就梦想。

　　南开大学牢记习近平总书记殷殷嘱托，传承红色基因，弘扬劳模精神、劳动精神、工匠精神（以下简称"三种精神"），以工会服务化、体系化、品牌化、创新化、数智化建设（以下简称"五化"建设）为抓手，全面履行"维护、建设、参与、教育"四项职能，铭记教育工作者使命，为党育人、为国育才，落实立德树人根本任务，围绕中心，服务大局，充分发挥工会组织动员能力，为南开品格、中国特色、世界一流大学建设作出新的更大贡献。

一、背景情况

　　工会是党联系职工群众的桥梁和纽带，工会工作是党的群团工作、群众工作的重要组成部分。习近平总书记指出，在新形势下，工会工作只能加强，不能削弱；只能改进提高，不能停滞不前。全面建成小康社会，进而建成富强民主文明和谐的社会主义现代化国家，根本上靠劳动、靠劳动者创造。新时代背景下，开展好高校工会工作，就是要深入学习宣传党的二十大、二十届三中全会精神和全国教育大会精神，全面贯彻落实习近平总书记关于工人阶级和工会工作的重要论述、工会十八大精神，崇尚劳动、尊重劳动者，始终重视发挥工人阶级和广大劳动群众的主力军作用。

　　2024 年是中华人民共和国成立 75 周年、习近平总书记视察南开大学 5 周年、周恩来总理第三次回母校 65 周年、南开大学建校 105 周年、南开系列学校创建 105 周年，南开大学工会大力弘扬"三种精神"，推进"五化"建设，落实民主管理，选树先进典型，丰富校园文化，强化思想政治引领，激发创新创造活力，用心用情开展服务，积极推进改革创新，奋力将工会工作成果转化为落实四个善作善成、服务高质量发展的生动实践。

二、主要做法

（一）以服务化支撑民主管理改革

南开大学工会积极践行全过程人民民主理念，参与学校民主决策、民主管理和民主监督。

一是增强基层民主活力，健全以职工代表大会为基本形式的企事业单位民主管理制度，为群众办实事，维护职工合法权益，有力推动学校各项改革和事业发展。

二是充分发挥党联系教职工群众的纽带作用，全程把控提案工作流程，提高提案质量与处理效率，实现事事有回应。在第八届教职工代表大会第一次会议期间，183位参会代表围绕教育教学与学科发展、人才培养与队伍建设、学校管理与配套机制、职工福利与生活服务、后勤保障与校园治理等方面递交意见和建议95件。工会及时组织召开提案答复会，有关职能部门就评聘工作中本科教育教学的重要位置、图书馆远程基藏书库建设、膳食服务改善、校园隐患排查等10件提案内容与代表进行面对面沟通，并给予详细答复。2024年，南开大学获评"全国厂务公开民主管理先进单位"荣誉称号，是天津市教育系统唯一获此荣誉的单位。

南开大学荣获全国厂务公开民主管理先进单位

三是加强工会制度建设和干部队伍建设，优化工会工作流程。修订完善南开大学工会制度汇编，制定《南开大学工会"三重一大"决策制度实施细则》《南开大学工会限额以下采购管理制度》《南开大学工会固定资产管理办法》等文件，严格规范工作流程。定期开展工会工作培训交流与表彰会，表彰先进集体与个人，提升干部实操与理论水平，增强基层工会引领力、组织力、服务力。

（二）以体系化统筹先进典型选树

南开大学工会积极推动发挥劳模的榜样、示范、引领作用，弘扬教育家精神、科学家精神，引导广大师生树立辛勤劳动、诚实劳动、创造性劳动的理念，让劳动光荣、创造伟大成为铿锵的时代强音，让劳动最光荣、劳动最崇高、劳动最伟大、劳动最美丽蔚然成风。

一是经层层推荐选拔，南开教师获评全国五一劳动奖章、全国三八红旗手、天津市五一劳动奖章、天津市最美家庭等荣誉称号。举办巾帼劳模进校园宣讲会、凝聚榜样力量先进事迹分享会，营造爱岗敬业、尊重劳动、崇尚劳动的良好氛围，增强了教职工的政治意识，激励广大教职工积极投身学校发展建设。

二是高度重视青年教师教学竞赛工作，在总结往年经验的基础上，形成具有适配性的竞赛模式，多次邀请专业评委对参赛选手分别多次进行培训，在比赛流程、规则、选手教学设计、教学展示、教学反思等环节逐一指导，力促我校参赛选手赛出南开风格、南开水平。近年来，南开青年教师多次获得全国青年教师教学竞赛一等奖等优异成绩。

三是深入开展工会理论研究阐释工作，积极推荐专家学者参加全国总工会主办的工会史志理论研究征文活动并荣获全国一等奖第一名，在天津市教育工会学习宣传贯彻市第十二次党代会精神主题线上征文活动中斩获 15 个奖项。

**天津市第十七届青年教师教学竞赛校内选拔赛表彰会暨天津市市赛
备赛动员会召开**

（三）以品牌化引领校园文化建设

南开大学工会以习近平文化思想为引领，深化群众性精神文明创建活动，大力营造"以劳树德、劳动育人"的浓厚氛围，以劳模和工匠的干劲儿、闯劲儿、钻劲儿，激励广大教职工争做新时代的奋斗者，营造劳动光荣的社会风尚和精益求精的敬业风尚。

一是做优以体育人，"南开五虎杯"篮球赛吸引全校教职工积极参与，营造了浓厚的体育文化氛围，激励一代又一代南开人奋勇争先。南开大学工会还举办全校师生运动会、羽毛球赛、乒乓球赛、首届"西南联大三校教职工足球纪念赛"等特色体育活动。

二是坚持以文化人，积极发挥社团作用，组织瑜伽、书画、棋类以及女教授模特队培训，成立南开大学教工舞蹈团协会，持续丰富教职工精神文化生活。特别是在 2024 年党纪学习教育期间，南开大学工会弘扬红色文化，礼赞讴歌新时代，举办教职工合唱比赛，来自全校31 个基层分会的 1673 名教职工报名参加，该活动成为推动我校党纪学习教育走深走实的重要举措和特色载体,展现南开教师朝气蓬勃、奋发向上的精神风貌和矢志不渝跟党走的坚定决心。

"南开五虎杯"篮球赛举行

(四)以创新化保障普惠服务和消费扶贫

南开大学工会创新普惠关爱服务全面覆盖的理念,深入一线调研,持续推进定点帮扶工作,把教职工的需求作为工作的切入点。

一是多措并举加强基层分会职工小家和爱心妈咪小屋基础设施建设,为教职工提供更加温馨、舒适的休息和交流空间,提升了教职工的归属感和幸福感。

二是进一步完善慰问困补相关制度,及时慰问困难教职工,开展大病救助,办理工会会员服务卡,用心用情落实学校对教职工的关心关爱,让教职工群众切身感受到"娘家人"的关怀。在三八节、护士节、六一儿童节、夏送清凉、教师节等特定节日开展送温暖慰问等活动,同时积极动员各基层分会开展系列活动,丰富教职工的生活,增强工会组织的凝聚力。

三是推进产业工人队伍建设改革。2024 年,南开大学与天津市总工会联合成立了"天津市产业工人研究中心",与天津市总工会深入开展合作交流，邀请天津市总工会一行至社会学院调研，双方聚焦产业工人思想引领、素质提升、建功立业等方面进行前瞻性理论研究，为推动产业工人队伍的建设和发展提供政策支持和服务保障。

四是将定点帮扶工作作为重大政治任务，按照"中央要求、庄浪需要、南开作为"的原则，通过"以购代帮""宣传引领"等方式优先购买庄浪县特色农副产品，全面营造"消费帮扶"人人参与、人人支持、人人宣传的良好氛围，号召我校教职工通过线上方式自愿自费共同参与消费帮扶，以实际行动助力乡村振兴。

消费帮扶助力乡村振兴

（五）以数智化助推思想政治引领

南开大学工会做实"互联网+"普惠性服务，推动工会工作上网、服务上网、活动上网，不断提升工会服务的标准化、规范化、便利化水平。

一是充分利用网络宣传平台，采用线上线下结合的方式，以服务教职工为目标，强化理论学习，统一思想行动，以图文并茂的形式推出深入学习宣传习近平总书记视察天津的重要讲话精神、党的二十大和二十届三中全会精神、全国教育大会精神、中国工会十八大精神等重点选题和专题专栏，持续推进党史学习教育、党纪学习教育常态化长效化，深入开展学习贯彻习近平新时代中国特色社会主义思想主题教育，切实把思想和行动统一到党中央的决策部署上来。

二是线上线下相结合展示我校劳动模范的光荣事迹，阐述劳模定义，分享奋斗经验，教育广大教职工热爱劳动、热爱创造，通过劳动和创造磨练意志、推动我校劳动教育深入开展，以劳模和工匠的干劲儿、闯劲儿、钻劲儿，激励广大教职工争做新时代的奋斗者。

三是会同网信部门全力促进南开大学工会各平台向"数字化"智慧平台过渡，致力于为教职工提供个性化服务，助力构建高效工作环境，力争做到让数据多跑腿、教职工少跑路，提升教职工在南开工作的幸福感。

会同网信办召开智慧工会平台建设启动会

三、经验启示

在新时代背景下，工会作为连接教职工与学校的重要桥梁，承担着服务教职工、促进学校高质量发展的职责使命。为进一步提升工会的工作效能和服务水平，要有重点、有步骤、多层次地发挥"劳动精神""劳模精神""工匠精神"的重要作用，与推进工会"服务化、体系化、品牌化、创新化、数智化"建设深度结合、融合、聚合。

（一）有重点发挥"劳动精神"的重要作用，与推进工会"五化"建设深度结合

要以劳动精神为引领，一是维护教职工权益，持续深化校务公开，保障教职工的知情权、参与权、表达权和监督权。在教职工代表大会闭会期间，贯彻实施学校党委和上级工会的精神指示，充分发挥提案工作委员会、民主管理与监督委员会、教学科研工作委员会、生活福利工作委员会、青年教师委员会、女职工委员会、经费审查委员会的积极作用，秉持守正创新、稳中求进的理念，积极履行职责，完善工会组织架构、制度规范和运行机制，推动工会工作理念创新、方法创新和实践创新。二是优化服务阵地建设，持续推进职工小家、妈咪小屋建设，关爱困难教职工群体，推出更多及时暖心、精准贴心、富有特色的高品质服务项目。三是定期举办多层次、多形式、多载体的群众性文体活动，不断提升教职工生活幸福指数。

（二）有步骤发挥"劳模精神"的重要作用，与推进工会"五化"建设深度融合

要以劳模精神为引领，一是加强理论武装，通过举办读书会、研讨会及经验分享会等活动，引导教职工筑牢理想信念，传承红色基因，增强责任感和使命感，营造尊重劳动、尊重知识、尊重人才的良好氛围。二是选树先进典型，做好全国劳动模范、市级劳动模范、模范集体、五一劳动奖章、工人先锋号等推荐工作，积极推进劳模创新工作室的选树及建设，在微信公众号、工会主页开设"劳模在我身边""弘扬三种精神"等专栏，宣传劳模先进事迹，讲好劳模故事，激励引导广大教职工队伍扎根教学科研，发挥示范引领作用。

（三）多层次发挥"工匠精神"的重要作用，与推进工会"五化"建设深度聚合

要以工匠精神为引领，一是开展分领域、分层次、全覆盖的学习培训，加大对青年干部的培养力度，提高基层分会干部工作能力，努力打造一支高素质专业化的工会干部队伍。二是建立工会干部考核评价机制，对工作表现优秀的干部进行表彰和奖励，增强工会组织的凝聚力和战斗力。三是推进智慧工会建设，搭建智慧工会平台，运用新思维、新手段、新技术，改变传统的工会工作方式，进一步密切工会与教职工的联系，创新个性化、多样化、精准化的服务形式。

四、深入思考

（一）如何创新工会工作模式？

一是加强对教职工需求的调研和对新兴技术、创新形式、热点内容的学习，在工会工作中融入互动性、趣味性元素，增强吸引力。二是建立健全部门协同机制，定期沟通协作，加强协调统筹，围绕重点工作一体推进落实。

（二）如何精准开展服务保障工作？

一是设立提案快速响应小组，及时进行评估和落实，提升工作力度效度。二是运用大数据手段精准分析，优化资源分配机制，制定个性化服务方案，确保服务精准对接，切实为教职工提供贴心、高效的服务保障。

（焦艳婷，南开大学工会）

弘扬红色文化 传承红色基因

——南开大学商学院举办"初心照纪，壮阔征途"党纪家风主题展

引 言

在岁月的长河中，家风与党纪交相辉映，共同铸就了中国共产党人的精神高地。家是最小国，国是千万家，从红船启航的微光到新时代的辉煌，党纪如磐石，坚不可摧；家风似细雨，润物无声。本次展览，是一场穿越时光的对话，它不仅追溯纪律建设的百年足迹，更是在细微处勾勒出共产党人家国情怀的深沉底色。让我们一同漫步在历史与现实的交汇处，见证那些闪耀着纪律光芒的家风故事，感受它们如何在平凡中孕育伟大，在细微中显扬忠诚，激励着后来者不忘初心，砥砺前行。

一、背景情况

党纪学习教育是中国共产党员加强党性修养、提高政治素质的重要方式之一。在中国共产党的历史上，党纪学习教育一直是党的建设的重要组成部分。随着我国进入新的发展阶段，面临的国内外形势更加复杂严峻。在这个大背景下，党的纪律建设和家风建设显得尤为重要。一方面，党的纪律建设是维护党的团结统一、保持党的先进性和纯洁性的重要保障；另一方面，家风建设是培育良好社会风尚、推动社会和谐稳定的重要基础。因此，我们需要在党纪学习教育中，将党的纪律建设和家风建设有机结合，通过展示优秀共产党人的家风故事，

引导党员干部树立正确的价值观和权力观。

二、主要做法

（一）精心策划，展现党纪家风百年历程

为了追溯党纪建设的百年足迹，我们精心策划了党纪家风主题展。展览通过时间脉络，将党的纪律建设划分为几个重要历史时期，每个阶段都配以详尽的图文资料和珍贵文物，生动再现党在不同历史阶段对纪律建设的不懈追求。同时，我们深入挖掘共产党人的家风故事，通过真实案例展现他们如何在国家危难时刻挺身而出，以严明的党纪和优良的家风，引领国家和民族走向复兴。

"廉洁教育基地"揭牌

（二）广泛邀请，拓宽展览受众范围

为了确保展览的社会影响力，我们主动邀请社会各界人士参观展览，并与各类企事业单位、行政单位、学校等建立联系，组织团体参观。此外，我们还设立了专业的宣讲团队，针对不同受众群体设计宣

讲内容，深入浅出地介绍党纪建设和家风传承的重要性，让更多人了解并认同这一展览的核心价值。

团体参观展览

（三）线上线下融合，拓宽展示渠道

为适应信息化时代的需求，我们同步策划了党纪家风线上展。通过学院官网、公众号等平台，我们将展览内容数字化，制作成精美的网页，供广大网友浏览学习。

（四）强化媒体宣传，扩大社会影响

我们充分利用各种媒体渠道进行宣传，包括学院官网、公众号、学校新闻网、天津支部生活等媒体机构。通过新闻报道、专题报道和精美的展览简报，我们全方位、多角度地展示展览内容，吸引更多人的关注与参与。

（五）党建活动创新融合，提升教育效果

我们将党纪家风展与标杆院系和样板支部座谈会、红色联盟党建工作座谈会相结合，形成创新性的党建活动模式。在座谈会上，邀请代表就展览内容进行深入交流，分享经验做法，共同探讨如何进一步加强党风廉政建设和家风传承。这种融合模式不仅丰富了党建活动形式，也提升了教育效果，有助于形成风清气正的政治生态。

三、经验启示

深入探索与实践党纪家风展的过程中，我们深切体会到，这一举措不仅是加强党风廉政建设、促进师生廉洁自律的有效路径，更是对中华民族优秀传统文化的一次深情回望与生动实践，承载着弘扬良好家风的深远意义。以下是从党纪家风展中提炼出的几点宝贵经验启示。

（一）强化纪律意识，筑牢思想防线

党纪家风展通过鲜活呈现违纪违法典型案例及其背后家风的沦丧，为党员干部敲响了警钟，使其深刻认识到家风不正往往是违纪违法行为的温床。这深刻启示我们，必须持续深化党性教育，让纪律规矩不仅铭记于心，更要践行于行，成为党员干部坚定不移的行为准则。

（二）注重家风培育，弘扬传统美德

展览中，那些坚守清正廉洁、勤俭节约、孝老爱亲等优良家风的感人故事，如同春风化雨，滋养着每一位参观者的心田。这明确告诉我们，家风与党风政风紧密相连，应大力倡导并弘扬优秀的家风文化，引导党员干部从自身做起，修身齐家，以纯正的家风滋养清正廉洁的党风政风。

（三）创新展示形式，增强教育实效

党纪家风展的成功，很大程度上得益于其多样化的展示手法，如运用现代科技重现历史场景、设置互动体验增强参与感等。这为我们提供了重要启示，即在推进党风廉政教育和家风建设的过程中，必须不断创新方式方法，提升教育的吸引力和感染力，让党员干部在潜移默化中接受教育和熏陶。

（四）发挥示范引领作用，形成良好风尚

展览中树立的正面典型，犹如璀璨星辰，为党员干部照亮了前行的道路。这明确指引我们，要充分发挥先进典型的示范引领作用，通过表彰宣传、学习交流等多种方式，激发党员干部见贤思齐、比学赶超的积极性，共同营造一个风清气正的政治生态和社会环境。

（五）坚持常抓不懈，构建长效机制

党纪家风建设是一项长期而艰巨的任务，不可能一蹴而就。这深刻提醒我们，要将党纪家风教育纳入党员干部教育培训的常态化体系之中，建立健全相关制度机制，确保家风建设能够持续深入并取得实效。同时，要加强监督检查力度，对家风不正、违反纪律的行为进行严肃查处，形成强有力的震慑效应。

总之，党纪家风展为我们提供了极为宝贵的经验启示。我们应以此为新的起点，不断深化党风廉政建设和反腐败斗争的广度和深度，推动全社会形成崇廉尚洁、风清气正的良好风尚。

四、重要意义

本次党纪家风展的成功举办，不仅是一次生动的党风廉政教育实践，更在多个维度上展现了其深远的意义，具体体现在以下几个方面。

（一）历史脉络的清晰呈现

展览通过分阶段的展示手法，系统梳理了中国共产党纪律建设的发展历程，使观众能够直观感受到党纪建设的连续性和阶段性特征，增强了对党的历史认识和理解。

（二）初心与使命的坚定强调

展览不仅展示党纪规则，更深刻地传达了党坚守初心、勇于自我革命的决心和行动。这种精神的展现，有助于激发党员干部对党纪的内在认同和自觉践行。

（三）党纪与家风教育的深度融合

通过家风展与党纪展的有机结合，揭示了家风与党纪的内在联系，强调了家风在党纪教育中的重要性，为党员干部树立了更加立体、全面的行为规范标杆。

（四）教育与启发的双重效应

展览不仅是一次展示，更是一次深刻的教育过程。通过生动的案例和感人的故事，激励党员干部反思自我、提升修养，为实现中国梦贡献力量。

（五）形式与内容的创新融合

创新的展示形式与丰富的内容相结合，使得展览更具吸引力和感染力。这种融合不仅提升了观众的参观体验，也增强了教育效果。

（六）精神传承的凸显

展览通过对老一辈革命家、革命先烈及优秀共产党员家风的展示，强调了精神传承的重要性。这些宝贵的精神财富是推动社会进步和民族复兴的重要动力。

（七）文化自信的培养

通过展现中国共产党人优秀家风的深厚底蕴，展览有助于培养学院师生的文化自信。这种自信是推动中华优秀传统文化传承和发展的重要支撑，也是实现中华民族伟大复兴中国梦的强大精神力量。

综上所述，本次党纪家风展的深入思考与总结使我们更加明确了党纪家风建设的重要性和紧迫性。通过展览的展示和教育作用，我们可以更加深入地理解和把握党纪建设的核心要义和精神实质，从而更加自觉地遵守党纪、传承家风、弘扬社会主义核心价值观。同时，我们也应该以此为契机，进一步加强党性教育、传承红色基因、推动全面从严治党的深入发展。

（王媛媛，南开大学商学院）

"红蓝绘梦"立德铸魂担使命 "紫色品格"增学促干谱新篇

——以"课程+社团+实践"联动育人机制赋能"大思政课"建设

2020年9月，南开大学通识选修课"无人机基础原理与模拟飞行"面向全校所有专业学生开课。课程全面落实《高等学校课程思政建设指导纲要》和《南开大学课程思政建设实施方案》要求，持续推进课程思政建设，内容涵盖中国航天简史，弘扬"两弹一星"精神、载人航天精神等被纳入中国共产党人精神谱系的伟大精神。教师强化思想引领，帮助学生厚植爱国情怀、坚定理想信念，将"中国红"与"航天蓝"相融合，共绘多彩中国梦，课程获评南开大学"课程思政"优秀典型。2021年，课程负责人指导成立南开大学学生社团——摄影与无人机协会，突破课堂空间局限，在高校"第二课堂"加强科学知识与专业技能教育，积极探索将新质生产力理论融入思政育人环节，涵育学生为公之志向、奉公之操守、大公之襟怀，培养学生团结协作之能、学习实践之能、吃苦耐劳之能。教师连续4年指导13支暑期实践队103位学生参加"师生同行"社会实践活动，推动思政小课堂与社会大课堂相结合，把课堂搬到红色基地、田间地头、改革开放前沿等更多现实场景，弘扬南开人的"紫色品格"，使学生"知中国，服务中国"，深刻认识新时代伟大变革的里程碑意义，深刻领悟"两个确立"对中华民族伟大复兴的决定性意义，坚定不移听党话、跟党走。

一、背景情况

习近平总书记在南开大学百年校庆之际来校视察，围绕高校立德树人、培养学生爱国情怀等方面作出重要指示，亲切勉励师生们把小我融入大我。高校培养社会主义建设者和接班人，首先要让"中国红"成为最亮青春底色，即培养学生的爱国情怀，坚持学思用贯通、知信行统一，实现立德铸魂的"第一课堂"与增学促干的"第二课堂"有机融合，构建"全方位、多层次、立体化"的协同育人体系。

习近平总书记指出，"探索浩瀚宇宙，发展航天事业。建设航天强国，是我们不懈追求的航天梦"。探索航天精神与高校思政教育有机融合，把握其在高等教育中的基础性、源头性、战略性位置，对深埋共产主义理想信念之种，弘扬红色文化具有重要意义。"航天蓝"能够引领南开学子厚植爱党爱国情怀，成长为拥有"四个自信"，担当民族复兴大任的时代新人。

"中通外直，不蔓不枝"，这是莲花的高尚品质。正因如此，莲花才能"香远益清"。青莲紫体现了南开人温厚儒雅、文质彬彬的谦谦君子品格，蓬勃向上、百折不挠的精神气质。"紫色品格"中的"知行合一"是马克思主义哲学精神实质的中国话语表达，更是习近平新时代中国特色社会主义思想的基本特征，既深刻蕴含了马克思主义的核心观点，也鲜明体现了中华优秀传统文化的思想元素，激励着一代又一代的南开人。

本案例以习近平总书记视察南开大学重要讲话精神蕴含的理论逻辑、历史逻辑、实践逻辑为引领，凝练"课程+社团+实践"联动育人机制的典型经验做法，融合"中国红""航天蓝""南开紫"内涵，促进我校在教育强国建设中充分发挥高等教育龙头作用，为推动红色文化繁荣、弘扬南开爱国传统、建设"大思政课"提供有力支撑。

二、主要做法

(一)"校级精品课程"抓牢课程育人主战场

"无人机基础原理与模拟飞行"隶属于南开大学本科通识选修课程"工程素养与未来科技"模块,已开设 20 个教学班,面向 367 位同学讲授无人机理论知识与操控方法。课程着重介绍以钱学森、潘厚仁、孙家栋等为代表的一大批卓越科学家筚路蓝缕、艰苦奋斗,使中国航天事业从"一穷二白"发展到"繁荣昌盛"的过程。学习老一辈无产阶级革命家对科研事业、民族复兴、国家发展殚精竭虑的态度,有利于学生树立正确的世界观、价值观、人生观,达到培养新时代社会主义优秀建设者和接班人的课程思政育人目标。

课程考核包含期末课程报告,学生需立足自身专业,充分挖掘其与"航天蓝"及无人机技术原理的联系,阐述当代大学生肩负的历史使命和对待科研事业、民族复兴、国家发展的态度。此外,课程还设有翻转课堂教学活动,以学生为主体开展思政内容说课。同学们纷纷录制说课视频,积极性很高,教学效果显著。所有的思政课程报告和说课视频,均纳入"启智润心"实验教学课程思政工作坊素材库。该工作坊依托于电子信息市级实验教学示范中心,旨在推进实验课程思政建设,强化培育具有"南开特色"的人才,持续提升"三全育人"成效,着力使实验课程与思政课程同向同行,大力推进协同育人,着力实现"四个相统一",推动课程思政贯穿于实验教学各环节。

"无人机基础原理与模拟飞行"从校内上千门课程中脱颖而出,入选南开大学 2022 年"课程思政"优秀典型,而且经校教务部评议,教师本科课堂教学质量结论为优秀,这是对教学团队在育人主战场的建设成果的充分肯定。团队紧紧抓住教师队伍"主力军"、课程建设"主战场"、课堂教学"主渠道",增强对学生勇于探索的创新精神、善于解决问题的实践能力等素养的培育,打好底色"中国红",提增亮色"南开紫",使其时刻铭记"日新月异、自强不息"的南开精神。教师从课程所授内容出发，充分调动学生的学习积极性，引导其把抽象的理论知识"具象化、科普化、趣味化"。师生基于课程知识原创科普视频，荣获天津市"大学-中学"科普创新大赛、"我的太空梦"航天科普短视频大赛奖项，作品在科普中国、中国宇航学会、中国航天科普等国家平台展播，增强了我校在航天科普领域的辐射效应。

（二）"优秀学生社团"构筑课外增能新阵地

摄影与无人机协会是南开大学校内朝气蓬勃、昂扬向上的文艺类兼科技类学生社团，师生不仅通过镜头语言表达真切的爱国荣校情怀，而且致力于传播航空航天和无人机科技知识，在校内外享有一定声誉。在成立不足 3 年的时间内，协会两次获评南开大学五四红旗社团团支部、优秀社团，融合"中国红""航天蓝""南开紫"内涵，构筑受教育、长才干、作贡献的课外育人阵地。

社团师生于 2022 年远赴海南省，围绕中国文昌航天发射场，于龙楼镇、淇水湾、铜鼓岭三地，利用 8 个机位记录长征五号 B 遥三运载火箭搭载中国空间站"问天"实验舱发射全过程。历经 4 个昼夜 6000 分钟的拍摄，最终凝练出 3 分钟的 4K 高清视频。该视频不仅展示了火箭发射的各个环节，也记录了火箭发射前 96 小时航天城的日月之行、星汉灿烂。以影像技术助力航天科普、弘扬航天精神，身着"南开紫"的师生借此帮助社会大众更为全面、立体地了解"航天蓝"，以航天梦助力强国梦、复兴梦，让心中的那一抹"中国红"愈发鲜艳。原创视频《4K 超清 从日出到星海，用镜头记录问天实验舱出征》已上线中国科协主办的"科普中国"网，面向公众科普航天知识；活动被近 20 家省、市、校级媒体报道，社团获天津广播电视台教育频道《潮天津》栏目两期专访，收获了非常理想的社会效应。南开大学新闻网评价本次活动"实现了高校'两个课堂'的深度融合，是推动构建'三全育人'工作格局、'五育融合'课程思政建设的鲜活案例"。

社团同学拍摄的"问天"实验舱发射瞬间

2024年毕业季，南开大学品牌文化店"文化墙"精彩亮相，展出社团成员14张摄影作品，聚焦南开四季校园景色，汇集南开校园不同季节、不同视角的风景作品，呈现南开大学厚重的历史底蕴，也展现了丰富多彩、人文气息浓厚的校园特色，是一面"能讲述南开故事的墙壁"。在社团日常工作中，指导教师要求学生助力新时代高校校园美育建设，弘扬红色文化和南开精神。社团成员用影像记录祖国最北哨所的哨兵在冰天雪地中默默坚守，以崇高的爱国情怀履行卫国使命，作品《航拍祖国北极点——漠河》荣获天津市新时代大学生国家安全主题艺术作品大赛"国土安全"主题优秀作品奖。社团举办"献礼二十大——南开103秋日光影""NKUer镜头中的夏日"等多次摄影比赛，广受好评；筹建天津市高校首家市级版权服务工作站，面向校内师生提供公益宣讲、咨询、确权等服务，激发校园文化创新创造活力；应南开大学党委宣传部、新闻中心、校团委邀请，助力2023级新生开学典礼、"聚散天涯 依依南开"2024年毕业歌会等校内多项重大活动的拍摄工作。

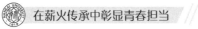

（三）"师生四同"实践挺进服务社会最前沿

习近平总书记在视察南开大学时指出，要把学习奋斗的具体目标同民族复兴的伟大目标结合起来，为之而奋斗。教师连续 4 年开展以"航天蓝"和无人机科普为主题的"师生四同"社会实践活动，率领"南开紫"服务"中国红"，将专业所学转化为服务国家全域科普事业的实际贡献，通过"同学、同研、同讲、同行"的方式给学生上一堂"大思政课"。

2024 年，师生赴内蒙古乌兰布统，与天津科学技术馆联合开展星空夏令营，面向 70 余名青少年营员开设"水火箭发射实践"课程，科普运载火箭原理、指导二级水火箭制作，并带领营员试射作品、放飞航天梦想。此外，师生赴银川与宁夏科技馆深度交流，共同研讨低空经济下的智慧交通、无人机应用等科普课程，推动新质生产力赋能科普工作，探索实现全域科普的新路径。

2023 年，依托"基于'课程—社团—实践'特色模式的少数民族地区'教育—文化—生态'发展研究"课题，教师指导来自电光学院、商学院、哲学院等 7 个学院的 63 名学生，于暑期远赴青海、新疆、云南等省和自治区开展面向少数民族地区教育、文化、生态发展方面的调研工作。社团通过爱国宣讲、航天科普等形式开展实践，打破地域局限性，实现全域科普西部行。

2022 年，教师主持"航天科普乡村文化振兴战略与'无人机基础原理与模拟飞行'课程思政融合发展研究"课题，运用爱国主义教育宣讲、航空航天科普宣传、影像记录火箭发射等手段，助力乡村文化振兴战略，推进乡村精神文明建设，为乡村全面振兴蓄力赋能。项目获评为南开大学"'师生四同'校级十佳课题"荣誉称号。

2021 年，师生面向天津市宝坻区大白庄镇彭元庄村青少年开展"学习党史、崇尚科学"的科普讲座，捐赠 600 余本以航空航天为主题的图书，建立"南开书屋"。师生以书砌梦，为经济欠发达地区的孩子们带去知识，点亮求知之光。同时，实践活动也激励着南开学子胸怀科学梦想，把科普工作做到基层，在中华民族伟大复兴的征程中贡献力量。

青海省西宁市北大街小学科普活动现场

师生充分发挥"双一流"高校的资源优势和人才优势，助力构建大中小学一体化创新人才培养体系，扎实推动科教强国建设。师生深入天津南开日新学校、浙江省长兴中学、天津市津南区盘泽馨苑社区等中小学和社区开展"航天蓝"公益科普讲座，帮助学生放飞科学梦想，坚定"四个自信"，激发血脉里的"中国红"基因。"学习强国"学习平台评价道，这堂"干货满满"的航天科普课使同学们感受到科技的魅力，在他们幼小的心灵中深深埋下"飞天"的种子。

天津日新学校科普活动现场

三、经验启示

本案例阐述"课程+社团+实践"联动育人机制的经验做法，将"中国红""航天蓝""南开紫"相融合，以精品课程为核心渠道，在第一课堂强基固本，坚定文化自信、筑牢民族之魂；以学生社团为坚实依托，同学理论知识，同研专业技能；以实践活动为实现载体，同讲科普讲座，同行祖国大地。案例突破高校"两个课堂"壁垒，实现全员、全程、全方位育人，在弘扬红色文化、发展爱国主义教育、课程思政建设、全域科普推进等方面取得不俗成绩，具有示范引领价值。

四、重要意义

（一）打好底色"中国红"

本案例大力弘扬光荣爱国主义传统，坚持把习近平总书记要求的"小我融入大我"、厚植爱国主义情怀作为立德树人方向，着力在凝魂聚气、强基固本、贯通融合上做真功求实效，通过"课堂教学、社团建设、社会实践"三位一体固本培元，促进校园内外、课堂上下一体联动，不断拓展工作路径、丰富教育内涵、激活学习资源，推动育人工作正能量充沛强劲。

（二）凝聚特色"航天蓝"

本案例立足新工科，构建新生态，围绕"立德树人"根本任务，注重"师生共育"成果导向，强调"师生四同"工作方法，以教育部"十育人"为抓手，围绕"实践育人"再赋能。将"航天蓝"精神横向拓展，以科技创新为新质生产力发展蓄势赋能，一体推进教育、科技、人才发展，以高水平科技创新和人才培养服务中国式现代化建设，敢创敢为建新功，在南开新工科建设上跑出加速度。

（三）提增亮色"南开紫"

锚定中国式现代化进程中的高等教育发展新趋势，肩负推动高等教育内涵式高质量发展的使命任务，深化教育教学改革，优化人才成长路径，健全"课程+社团+实践"联动育人机制，完善具有南开特色的人才协同培养体系。坚持立德树人、铸魂育人，实施德智体美劳五育并进的"公能"素质教育，牢记嘱托、担当作为、勇攀高峰，奋力谱写中国特色、世界一流大学建设新篇章。

（王海、孙桂玲、木琳、张颖、刘玥、郝丛艺、姜晓梅，南开大学电子信息与光学工程学院）

加强国防教育，厚植大学生新时代
爱国主义情怀

引　言

强国必须强军，军强才能国安。2017 年 9 月 23 日，习近平总书记给南开大学 8 名新入伍大学生回信，肯定了他们投笔从戎、报效国家的行为，勉励他们把热血挥洒在实现强军梦的伟大实践中，书写绚烂、无悔的青春篇章。国防是国家生存与发展的安全保障，国防教育是巩固国防和强大人民军队的基础性工程。加强南开学子的国防教育，对于凝聚大学生的意志和力量，强化爱国主义传统，加快实现强国梦强军梦，具有重大而深远的意义。

一、背景情况

党的十八大以来，以习近平同志为核心的党中央高度重视全民国防教育工作，对全民国防教育作出一系列重要决策部署。2017 年 9 月 23 日，习近平总书记给南开大学 8 名新入伍大学生回信，肯定了他们投笔从戎、报效国家的行为，勉励他们把热血挥洒在实现强军梦的伟大实践中，书写绚烂、无悔的青春篇章。回信从实现中国梦、强军梦的战略高度，进一步深刻回答了"培养什么人、如何培养人、为谁培养人"的根本问题和"如何认识青年学生、如何教育引导青年学生、如何发挥青年学生作用"的重大问题。

高校作为新时代人才培养的重阵，要培养学生把小我融入大我。南开大学商学院一直以来重视国防育人工作，教育当代商科学生虽生在和平年代、中华盛世，却也要铭记无数革命先烈抛头颅、洒热血的付出，要铭记历史更要接续奋斗，要不忘初心更要传承不辍。

二、主要做法

（一）强化强军思想宣传与学习，国防教育贯穿育人全过程

学院坚持以习近平新时代中国特色社会主义思想和强军思想为指引，持续深入学习贯彻落实习近平总书记视察南开大学重要讲话和回信、勉励精神，不断推进国防育人改革创新，讲好强军故事，宣传强军思想。通过国防教育，引导学生牢记习近平总书记视察南开大学重要嘱托，不断培养学生服务中国的能力，鼓励学生走出校园，认识中国。

一是在新生入学教育中，将国防教育和强军思想学习作为必学内容，全体新生接受强军思想和国防育人工作的思想浸润，从入学开始就树立"强军报国，必定有我"的思想理念。在 21 天的军训中，严格军训要求，磨炼意志品格，强健思想体魄。学院邀请 1982 级经济管理系校友、《士兵突击》总制片人张谦先生，以他的军旅经历为出发点，为军训新生开展题为"八千里路云和月"的主题讲座，上好国防第一课。

二是在学生大学生涯全过程中开展强军思想教育。依托党支部、团支部和班级组织开展形式多样的主题教育活动,学生党支部开展"有理想，有本领，有担当，强军梦助大学生成长"主题党日活动，利用"声临其境"主题演讲的形式，结合自身实际，进行了声情并茂的演讲；邀请马克思主义学院博士生孙海东主讲"习近平强军思想与中国特色强军之路——坚定理想信念与南开学子的时代使命"主题团课；来自新疆出入境边防检查总站 11 名民警讲授"弘扬边防精神 厚植爱国情怀"主题讲座等，分享在边境线上的艰苦工作以及如何在极端环境中坚守岗位、保卫国家安全的感人故事，引导师生强化自身责任感和使命感。通过话剧表演、诗歌朗诵、时政热点剖析等多种形式，从国际局势、文化自信、爱国热情以及理想树立等多个角度，阐释了当代大

学生如何通过熟知军事理论，更好地发扬"公能"精神，全面提升育人效果。

深入领会习近平新时代强军思想，让更多的学生牢记嘱托，勇担使命，将自己的青春梦与强军梦、中国梦结合并为之奋斗。

（二）推动理论实践相互融合，国防教育实践全方位开展

学院一直努力将强军思想与国防教育理论及实践相结合，准确把握深化全民国防教育实践的时代要求，适应新形势新目标新任务，增强教育的覆盖面、时代性、感召力，不断深化国防教育实践。

一是规范化和系统化地开展强军教育工作。学院成立了国防育人工作室，成员既包括一线专职辅导员，又包括专业思政课教师；既有军事学专业背景，又在学生党员教育、红色文化育人、校史育人等方面成果丰硕，经验丰富。聚力专业人才，确保国防育人工作室的专业性和育人成效。

二是基于国防育人工作室开展大国防教育。以国防教育为基点，丰富南开大学爱国主义教育体系，厚植学生爱国主义情怀，培养有理想、有能力的社会主义事业建设者、保卫者和接班人。组织学生实践队赴八一南昌起义纪念馆参观走访，赴中国人民解放军第 65 集团军红一师团开展体验式实践教学等，开展"寻狼牙遗风，传革命军魂"暑期社会实践，体验军旅生活，实践队荣获天津市优秀暑期社会实践队荣誉称号。邀请天津市女子强制隔离戒毒所一大队（红桥大队）走进南开大学商学院，开展禁毒教育进校园宣讲活动，共建"商学+"红色育人基地，录制"禁毒宣传操"、走进水上公园开展禁毒宣传等；同时，致聘新疆出入境边防检查总站红其拉甫边检站民警孙超为"商学院三全育人导师"，邀请孙超为学生成长成才提供更多指导和帮助，多维推动深化国防育人实践。

（三）开创强军教育推动发展，强军育人成果全角度呈现

一直以来，商学院将国防育人工作纳为整体思政工作重要组成部分。

一是安排具有军事学专业背景的辅导员担任征兵专员，结合当前"00 后"大学生特点，设计开展国防教育工作。为保障大学生征兵入伍无忧，开展征兵工作过程中，做好管理和服务工作，从日常需求到学习支持，从档案管理到生涯规划，构建辅导员、征兵专员、朋辈支持团和学业导师团联动的"四位一体"的支持体系，实现政策导读、学业指导、生涯辅导、心理疏导"无死角"的工作目标。

二是国防育人工作取得显著效果。聘任具有军事相关背景的高年级学生担任军训动员大使和连队指导员。先后共有军事思想专业硕士研究生、国防生、参军入伍学生、国旗护卫队骨干成员等 10 余人接力参与此项工作。通过这一形式，引导新生以学长学姐为榜样，提高对自身的要求，提升新生军训和征兵动员的效果，鼓励学生将青春热血贡献到国防事业当中。学院借助"南开商青年"微信平台推送国防生、国护队骨干的优秀学长事迹，传播军旗下的成长故事，培育商院学子的爱国情怀和使命担当，把忠诚报国、担当奉献的追求不断传承。

三是入伍大学生典型频出。2017 年习近平总书记回信勉励的 8 名南开入伍学子中有 2 名是商学院的学生，其中董旭东毕业后任职于天津市南开区区委组织部，胡一帆任职于战略支援部队信息工程大学洛阳校区，两位校友在毕业后也经常参加学院学校组织的相关教育活动，将报国从军故事不断传递给更多学弟学妹。截至 2024 年 9 月，商学院最终通过体检、试训正式进入部队的学生共 7 人，分别服役于武警和火箭军部队，还有 1 人在家乡入伍，服役于西藏自治区日喀则市亚东县某边防分队。

商学院荣获 2017—2022 年度征兵工作先进单位和 2023 年征兵工作先进单位。通过爱国强军教育活动，培养学生坚定理想信念，将强军梦、强国梦、中国梦贯穿于培养学生全面发展的始终，凝聚有理想、有本领、有担当的新时代青年，奋发向上淬炼成钢。

三、经验启示

总结多年的国防育人工作体系建设经验，学院认为应主要做到"四个融合"。

（一）国防教育与学生成长需求相融合

新时代高校大学生以"00后"为主体，有着"个性鲜明、独立自由、追求务实、思想开放"等特点，并且在数智时代的大背景下，高校对于学生的培养目标和要求、社会对于用人的需求和趋势等都发生了重要变化。国防教育要着眼于"两个大局"的战略全局背景，在充分考虑当代大学生发展需求的基础上，通过多样化的路径设计、多元化的方式创新、多维度的载体搭建等，进行工作设计与开展，有效实现国防教育与满足学生实际成长需求的有效融合。

（二）国防教育与学生五育并举相融合

2022年9月，中共中央、国务院、中央军委印发的《关于加强和改进新时代全民国防教育工作的意见》指出，要落实习近平总书记关于加强全民国防教育的重要指示精神，将习近平强军思想融入全民国防教育各领域、全过程。加强国防理论、国防知识、国防历史、国防法规、国防科技、国防形势与任务、国防技能学习教育，培育国防文化，增强广大干部群众的国防意识和国防素养。①国防教育包含的内容和范围，与南开大学"公能"育人体系有很多培养上的契合点。南开大学"公能3.0"育人体系提出要培养三维融通、五育并举的"公能"人才，尤其是通过军事思想传授、军事技能操练、应急情况演练、军事思想活动等系列活动，实现五育并举工作的对齐，实现国防教育与学生五育并举相融合。

（三）国防教育与爱国主义教育相融合

《关于加强和改进新时代全民国防教育工作的意见》明确，加强和

---

① 中共中央 国务院 中央军委印发《关于加强和改进新时代全民国防教育工作的意见》[EB/OL].（2022-09-01）[2023-05-03]. http://www.mod.gov.cn/gfbw/qwfb/4919976.html.

改进新时代全民国防教育工作，要"着力增强全民爱党爱国爱社会主义的深厚感情"。南开大学一直拥有着浓厚的爱国主义传统，在入学教育、日常教育、毕业教育等环节，将强军思想贯穿全程，通过强军思想宣讲、典型人物分享汇报、军事技能训练与相关军事单位共建等形式，将强军思想与爱班爱院爱校、爱党爱国等有效融合，将南开的爱国主义传统、党中央关于爱国主义教育的部署和要求贯穿始终，一竿子插到底，牢牢把握国防教育的正确方向，有效将国防教育与爱国主义教育相融合。

（四）国防教育与日常思政教育相融合

在"大思政"工作格局下，强军思想与学生日常思政工作应相互融合与促进，利用党团班主题活动、重要节点及节日教育活动等平台和载体，有效将国防教育融入学生日常思政工作。如在国家安全教育日、全民国防教育日开展思政教育工作，引导当代大学生要增强国家安全意识，增强总体国家安全观，切实维护国家安全；在"一二·九"等时间节点开展思政活动，引导学生不忘来时路、看好脚下路、走好未来路等。有效将国防教育与日常思政教育相融合，达到相互促进相互提升的重要作用。

四、深入思考

（一）如何推进国防育人工作机制不断趋于完善

目前，商学院国防育人工作主要依托于"国防育人工作室"进行开展，并通过"强军宣讲、强体塑造、强能训练、强志引领"四个维度构建南开大学国防育人平台，做好思想引领、舆论宣传、军事实践、环境渲染等工作，发挥学校国防教育作为全民国防教育的基础性作用，着眼培养社会主义事业的建设者、保卫者和接班人，坚持不懈抓好学生的国防教育和爱国主义教育。未来，学院将考虑在国防育人成效评价的基础上，对工作机制进一步进行完善，设计针对不同学历层次、年级阶段、时间节点等的较为固定的工作模式，使得国防育人工作逐渐趋于完善。

（二）如何推进国防育人工作效果不断趋于实现

国防育人的重要意义已经不言而喻，但是对于国防教育工作的工作效果评价目前还未有较合适的体系。自 2017 年以来，商学院已经累计有 7 人征兵入伍，在习近平总书记给予回信的 8 名新入伍大学生中有 2 名为商学院学生，可以说在大学生征兵入伍方面学院已经取得了非常重要的成效；但是对于全体学生还缺少量化的或可测量的国防育人成效体系，需要进一步完善。

（三）如何推动形成具有南开特色的国防育人工作体系

2017 年，习近平总书记给南开大学新入伍 8 名大学生回信并给予勉励。2019 年，习近平总书记在视察南开大学时指出："爱国主义是中华民族的民族心、民族魂。南开大学具有光荣的爱国主义传统，这是南开的魂。"这说明，南开大学拥有良好的爱国主义教育和国防育人工作基础。目前，学校内国防教育工作主要依托于学工部、武装部与两个校级国防育人工作室及各学院基础工作设计。因此，学校要基于现有的优势资源和工作基础，建立具有南开特色的国防育人工作模式，以面向全体南开不同学科、不同层次、不同发展阶段的学生，打造以爱国主义教育为内核的、以南开大学爱国主义传统为基础的国防育人工作体系。

（周翠翠、张玉川，南开大学商学院）

讲述"公能"文化　涵育核心价值

——新时代南开爱国校史宣讲的探索与实践

引　言

"1919 年，周恩来同马骏、邓颖超等发起成立的什么组织，后来成了天津学生反帝爱国运动的中心？""南开大学校长张伯苓在新学年的始业式上提出'爱国三问'是在哪一年？""哪位南开校友，是被中央授予'两弹一星荣誉勋章'群体中唯一获得'烈士'称号的科学家？"……2024 年仲春时节，一场特殊的"读书"问答活动在南开大学社会学院举行。前来"读书"的是天津市津南区海棠街道的社区居民们，他们在南开公能校史文化宣讲团、"服务学习：讲述南开"课程组和社会学院师生的讲述引导下，于校园观览的实践中，共读百年南开这本意蕴深厚的现实之书。

当日，来自海棠街道各社区的 12 组亲子家庭走进南开大学津南校区，参加"春来社会·悦读南开"主题活动。这些年纪上至六七十岁，下至还在读小学二三年级的"读者"们，参观了百年校史主题展、社会学院院史陈列室、人类学研究所、社会工作实验室等地，绘制了思维导图《我眼中的大学》，了解了这所巍巍学府百年来救国爱国报国强国的发展历程，感受了爱国爱群和服务社会的"公能"文化，于幼小心中扎下"为社会而养成能力，献能力以服务社会"之根。

12 组亲子家庭参加主题活动

一、背景情况

党的十八届三中全会以来，以习近平同志为核心的党中央高度重视文化改革发展，把文化建设作为中国特色社会主义"五位一体"总体布局的重要内容作出战略部署，党的二十届三中全会将"建设社会主义文化强国"纳入进一步全面深化改革的"七个聚焦"之一，提出"必须增强文化自信，发展社会主义先进文化，弘扬革命文化，传承中华优秀传统文化"。

"允公允能，日新月异"的南开校训，是南开文化典型代表，底蕴丰厚、历久弥新，随着时代发展在传承中华优秀文化、弘扬革命文化、发展社会主义先进文化中不断丰富其内涵。

校训中的"允公允能"出自《诗经》中的《鲁颂·泮水》，"日新月异"出自《礼记·大学》中的"苟日新，日日新，又日新"。1934年，该校训甫一提出，便强调"公"是非本位主义小公的大公，"能"是建设现代化国家的科学才能，"新"是指要创造新事物、走在时代前列。这样的"公""能""新"，体现了"公能"文化对中华优秀传统文化的传承发展。

抗战时期，杰出校友周恩来结合当时形势对南开校训中的"公能"二字作出了新的阐释。他说："在当前，'公'，就是国家大事，就是抗战到底，取得最后胜利，把日本侵略者赶出我神圣的领土；'能'，就是学习，学好抗日的本领、建国的本领，打倒日本帝国主义，建设一个强大的国家。"这一阐释，可以说为"公能"文化赋予了革命文化的现实意义。

2014年，央视新闻联播系列报道《校训是什么》开篇以6分钟时长讲述南开校训。2016年12月7日，习近平总书记在全国高校思想政治工作会议上，更是专门提到了南开大学"允公允能，日新月异"的校训，指出这个校训同社会主义核心价值观的内在要求是一致的。这是对"公能"文化符合社会主义先进文化的充分肯定。

校训价值的阐释论述、标杆高校的指示要求、强国强军的回信勉励、"融入大我"的殷殷嘱托、"爱国三问"的时代新答……党的十八大以来，习近平总书记对南开大学多次给予的肯定勉励，充分体现了习近平总书记和以习近平同志为核心的党中央对南开大学的高度重视、亲切关怀、厚爱重托与殷切期望。拥有着百年发展历史的南开，在"公能"校训的价值引领和文化浸润下，不断铸牢"光荣的爱国主义传统"这一办学之魂。

二、主要做法

习近平总书记来校视察 5 年多来，也是南开大学迈入新百年 5 年多来，南开大学通过举办展览、建立基地、设立课程、组建团队等一整套相对完整的体系，面向领导干部、院士学者、企事业工作人员、大中小学生、国际友人、师生校友开展一系列请进来和走出去的校史宣讲活动，开展了一系列蕴涵"公能"文化、彰显核心价值、独具南开特色的爱国校史宣讲的探索与实践。

（一）搭平台 造生态——百年校史的具象表述

"公能"校训，镌刻在一代代南开人深刻的记忆里；百年校史，不乏众多图文资料。但之前相当一段时间，由于资源条件所限，巍巍南开缺乏看得见、摸得着、有触感、有韵味，形象生动、可立长远的具象化呈现。

2019 年，以建校百年为契机，南开大学在八里台校区二主楼和海冰楼分别设立"爱国奋斗 公能日新——南开大学百年校史主题展"和"允公允能 日新月异——纪念南开大学建校 100 周年展览"，在津南校区大通学生中心设置百年校史主题展复制展。三个展览空间面积共 2000 余平方米，展线共 400 余延米，展出千余幅图片和百余件实物，展陈毛泽东主席来校视察、周恩来总理三回母校、习近平总书记视察南开以及给八学子的回信等重要图片，严修手札、张伯苓演讲稿、周恩来入学名册等珍贵资料，早期校徽、校刊、班旗等历史实物，近年来社科著作、科研产品、实验教学等时代成果。

同年，南开大学八里台校区入选天津市爱国主义教育基地名录，学校为包括周恩来总理像、严张纪念园、思源堂、迦陵学舍、陈省身故居、校钟、西南联大纪念碑等在内的 19 处历史文化校园景观点位重新设立铭牌、规划线路、设计标识、制作网站。在此后的几年间，"马克思主义在南开""南开大学百年体育展""百年八里台百年变迁""豪秘爱国主义教育展""群学之光——百年南开社会学发展撷英""通识课'百年南开校史文化'学生作品展"等一批围绕学院学科、部门职能、课程专业的常设展览先后设立。2024 年初,"牢记嘱托谱新篇——习近平总书记视察南开大学五周年成就展"在两校区同时设立。这些展览和基地以矩阵效应使得百年校史和"公能"文化的表述更为具象,也吸引来自各级各类政府机关、科研院所、企业学校、街道社区等越来越多的人来校开展研学交流。爱国故事人人宣讲、爱国情怀生生不息、"爱国三问"代代传承的氛围日渐浓厚,生态逐步形成。

(二)组团队　提素质——"公能"文化的浸润感悟

于 2019 组建的校史讲解团队,最初目的是在百年校庆期间为来访南开大学的师生校友和社会各界人士提供校史展览的讲解服务。这支覆盖本硕博不同专业年级的学生工作团队,在百年校庆后正式组建为"南开公能校史文化宣讲团",以"公能日新"为根,以百年校史为脉,以南开文化为魂,打造新时代爱国主义教育的实践课堂。

成团以来,在具象化的"公能"文化日渐熏染陶铸下,在校史专家、思政教师、宣传干部的悉心指导训练下,宣讲团的同学们系统承担了学校展览和爱国主义教育基地的讲解服务工作,积极投身"百年南开校史文化""服务学习:讲述南开"等与"公能"文化、校史讲述相关的全校通识选修课课程的建设,热情参与《百年南开爱国魂》《百年芳华更日新》等南开大学爱国主义教育系列丛书的编写,努力开展围绕学习贯彻习近平总书记视察南开大学重要讲话精神开展的"通过课堂主渠道加强新时代南开大学爱国主义教育研究"课题研究,并成功协助学校职能部门申报百年校史展为天津市新时代文明实践基地。

依据"两性一度"标准进行课程设计并构建过程化学习评价指标,按照可亲可近可感可知的原则进行图书的选题组稿排校出版宣发,通过"实践发现问题—项目管理设计—科研解决问题—成果服务现实—反思总结提升"的流程开展项目研究……在这样的"公能"文化讲述和爱国校史宣教实践实操中，师生们相互成就、相互点亮，共同进步、共同成长——与党史国史改革开放史社会主义发展史中华民族发展史紧密相连的校史知识进一步得到充实，"总结提炼、逻辑推演、创新表达、团队合作"的通识能力进一步得到增强，"大局为公、精品铸能、时代日新"的素养进一步得到提升。500 余名学生通过不同形式在讲述实践中品味了"公能"青春，周恩来奖学金的获得者、学生支教团负责人和骨干成员、中央主流媒体从业者等一大批怀抱旷远、奉献社会的讲述者从中走出，奔赴五湖四海，书写绚烂、无悔的青春篇章。

（三）理流程 建机制——爱国宣讲的有效交互

以"百年南开校史文化"课程吸引志趣相投之师生，熟悉"公能"故事、在课业中循序渐进引入宣讲任务；以"服务学习：讲述南开"课程阐释"体验式教育"，开展系统性宣讲训练；依托"公能"校史宣讲团开展服务于招生招聘、交流访学、合作洽谈等活动的宣讲实践；依托图书出版、项目研究做好爱国宣讲实效检验的总结提升；围绕"1个目标"、紧扣"2个标准"、展示"3个方面"、达到"4个层次"，南开爱国宣讲的训练方法、讲述流程和讲解机制逐步形成。

1 个目标是指受众，是参观者，是来访嘉宾，或者用互联网思维的话语模式来说是用户。要对接需求，让用户感兴趣的内容与宣讲所需要传递的信息有效结合；要凸显重点，让用户感受到在宣讲人员带领下的参观与自由访问下浏览有明显不同；要注重引领，让用户对展览有信心、对课件有信心、对宣讲内容有信心、对宣讲人员有信心。

2 个标准即准确、熟练。用户的信心来源于宣讲人员的信心，实质是来源于宣讲中的自信，而宣讲中的自信，就是准确、熟练，是对中国话语、南开话语理解的准确、表达的准确，是对基本史实、背景细节讲述的熟练、知晓的熟练。

3 个方面即掌控节奏、把握风格、驾驭时空。在整个宣讲过程中，节奏可缓可迫，缓者娓娓而谈，迫者侃侃而道；风格亦庄亦谐，以至真显至情，以至情显至趣。时空尽遂人意，可流转、可闪回、可穿越，行云流水，一气畅通。

4 个层次即脉络、价值、文化、故事。贯穿爱国报国的主线脉络，浸润"公能日新"的核心价值，融入百年南开的校史文化，呈现精彩动听的人物故事。

这不仅仅是对爱国校史的宣讲，更是讲述——尤其是要深入挖掘校史、校训、校歌、校园景观、校园人物中的"公能"文化元素，讲好"秉'大公'，尽'最能'，求'日新'"的"公能"文化，砥砺强国之志、增强爱国之能、实践报国之行。

这也不仅仅是对"公能"文化的讲述，更是讲解——"讲解"二字，归根到底，除了要"讲"，更需要"解"：是对内容的了解理解，是对知识的分解见解，是对疑惑的答解正解。

由此，才能实现以身为媒的交流，才能形成烙于心底的印记。

三、经验启示

5 年多来，在渐成体系的南开爱国校史宣讲工作中，在师生校友社会各界对学校日益熟悉并对校史宣讲有了更加多元精细个性化的需求下，在不断拓展全方位、多维度、深层次的感知体验基础上，南开大学努力做到以下三个方面的优化。一是持续推进宣讲"内容"的丰富优化，根据不同团队的年龄性别学历职业等背景，积极发掘更多的与参观团队身份相契合的南开爱国主义教育故事，整合教育点位线路，激发共鸣共情。二是持续推进宣讲"手段"的丰富优化，逐步探索通过微宣讲、线上展览、直播参观、vlog 等多种手段形式实现"公能"文化讲述，加大网上资源内容供给力。三是持续推进宣讲"活动"的丰富优化，结合重要时间节点，积极组织开展内容多彩、形式多样的线下体验宣讲活动，潜移默化、润物无声，引导师生校友和社会各界将小我融入大我，把爱国之心化为报国之行为。

四、深入思考

南开爱国校史有着光荣传统，南开爱国校史的宣讲育人，百年来延续不断，同样有其独特的历史、发展和沿革。建校初创时期名师先贤的修身课堂上，革命建设时期杰出校友的奔走呼号中，改革开放时期师生校友的学术实践里，新时代党和国家的殷殷嘱托下，一代代南开人的开学、毕业、校庆、校殇等纪念活动中，南开爱国校史的宣讲从来都是不可或缺的一环，其也成为"公能"文化的重要组成部分。因此，我们应对南开爱国校史宣讲育人传统进一步挖掘梳理、提炼总结，从优质的宣讲内容故事、讲述方式方法、讲解智慧经验中不断汲取吸收借鉴。

同时，南开爱国校史的宣讲，还应续发掘探索各院系研究机构在其发展历程中典型生动的人物、言论、活动、事件等，进一步在学脉学问、学术学科、学者学人等方面走远走深、走实走新，要将百年校史与学脉文脉深度融合，与强国建设、民族复兴的伟大实践密切呼应，要在结合各自学科学院、专业领域的同时，注重运用新时代伟大变革成功案例，充分发挥红色资源育人功能，开展爱国校史宣讲，让南开"公能"文化传播、核心价值涵育更加入脑入心、见行见效！

（赖鸿杰，南开大学社会学院）

"教"与"研"协力同行

——《马克思主义理论教学与研究》弘扬红色文化的实践与探索

引　言

红色文化是我国革命文化的传承与发展，是中华民族的优良传统和宝贵的精神财富。《马克思主义理论教学与研究》依据自身办刊特色，在弘扬红色文化、赓续红色血脉上不断进行探索与实践，深入开展红色文化的学理阐释，助力研究成果不断走深走实；秉持铸魂育人的责任与担当，推动红色文化研究成果持续转化为生动的教学资源。新时代，在坚守学术底线，做好红色文化研究的学术引领者；加强交流合作，用好红色资源、展现马克思主义的真理性光辉；拓展传播渠道，做好红色文化宣传教育深入人心等方面，期刊砥砺前行，为促进红色文化融入"大思政课"一体化建设，构建全社会红色文化认同，推动中国特色哲学社会科学高质量发展提供智力支撑、贡献绵薄之力。

一、背景情况

习近平总书记在文化传承发展座谈会上指出，"文化自信就来自我们的文化主体性。这一主体性是中国共产党带领中国人民在中国大地上建立起来的；是在创造性转化、创新性发展中华优秀传统文化，继承革命文化，发展社会主义先进文化的基础上，借鉴吸收人类一切优秀文化成果的基础上建立起来的"①。红色文化是马克思主义中国化

---

① 在新时代大力弘扬红色文化[N]. 人民日报，2024-04-10（09）.

时代化的文化根基，新时代弘扬红色文化对于促进文化自信自强、推进当代中国马克思主义、21世纪马克思主义发展具有重要意义。马克思主义理论期刊作为马克思主义理论学术研究的重要平台，对于深入研究阐释红色文化的内在机理、逻辑理路、现实意义，进而将其更好地融入思想政治课程教学负有不可推卸的使命责任。由教育部主管、南开大学主办的《马克思主义理论教学与研究》在弘扬红色文化、赓续红色血脉上不断进行实践与探索，现将一些经验做法进行分享介绍。

二、弘扬红色文化的主要做法

（一）走深走实：深入开展红色文化的学理研究

习近平总书记强调，"我国哲学社会科学的一项重要任务就是继续推进马克思主义中国化、时代化、大众化，继续发展21世纪马克思主义、当代中国马克思主义"。红色文化是中国共产党在运用马克思主义立场观点方法回答和解决中国问题的实践中生成的，是中国共产党百余年奋斗历程的历史证明，是党从胜利走向成功的密码。新时代大力弘扬红色文化的前提是要对其进行学理上的深入阐释，用马克思主义立场观点方法揭示其中所蕴含的理想信念、价值立场、道德情操、思想方法及优秀作风。《马克思主义理论教学与研究》开设的"马克思主义中国化研究"专栏围绕中国特色社会主义重大理论和现实问题，邀约国内知名专家学者对红色文化、红色资源从多个研究视域进行深入的学理分析。

一是深入阐释习近平新时代中国特色社会主义思想中有关红色文化的重要论述。新时代新征程，学习贯彻习近平总书记关于红色文化的重要论述，对于在全社会范围内形成弘扬红色文化、保护红色资源、赓续红色血脉的良好氛围，构建全社会红色文化认同，弘扬伟大建党精神具有重要价值。例如，期刊2023年第4期刊登的《运用红色资源赓续红色血脉的主要任务和实践路径——学习习近平总书记关于运用红色资源赓续红色血脉的重要论述》（丁俊萍、王晨）一文指出，习近平总书记关于运用红色资源赓续红色血脉的重要论述为运用红色资源赓续红色血脉实践提供了科学指引、为构建全社会红色文化提供了鲜明导向，从而为我们在新时代新征程上继续弘扬光荣传统、赓续红色血脉，弘扬伟大建党精神和以伟大建党精神为源头的中国共产党人精神谱系构建了完整的理论框架与实践路径。

二是充分展现中国共产党百余年伟大历程，挖掘红色文化背后的思想内涵。习近平总书记在党史学习教育动员大会上指出，要"准确把握党的历史发展的主题主线、主流本质"。党的百年奋斗历程就是一部党团结带领全国各族人民为实现民族独立、人民解放和国家繁荣富强、人民共同富裕而进行艰苦卓绝伟大探索的历史，红色文化背后的思想内涵充分体现了党在这一奋斗过程中所坚守的初心使命，以及党不断推进理论创新、进行自我革命的精神。2022 年第 2 期刊登的《中国式现代化对破解历史周期率难题的探索与贡献》（刘一博）一文回溯了近代中国沦为半殖民地半封建社会到中国共产党人团结带领人民群众探索救国、强国之路，从"中国式现代化推进中华民族伟大复兴"大历史观视角揭示了我们党是如何一步步地探索破解历史周期率这一难题的。《新民主主义革命时期村级党组织组织力提升的探索》（王同昌）、《新中国成立前夕中国共产党纪律建设的探索及经验》（吴淑丽）则史论结合，论述了新民主主义革命时期和新中国成立前夕中国共产党对发展党员质量、严格党的组织生活和纪律的实践探索，其中体现的党全心全意为人民服务的初心使命为新时代党的纪律建设提供了有益经验。

以史为镜、以史明志，通过党百年奋斗历程中生动鲜活的史料感受红色文化、红色血脉背后所蕴含的磅礴伟力，有利于我们认清当代中国所处的历史方位，增强历史自信，坚定理想信念，旗帜鲜明地反对和抵制历史虚无主义。

（二）铸魂育人：促进红色文化研究成果向教学资源转化

中共中央印发的《关于加快构建中国特色哲学社会科学的意见》指出，要"推动哲学社会科学研究成果向决策咨询、教育教学转化，更好地服务社会、服务大众，开展多种形式多样的普及活动"。《马克思主义理论教学与研究》不仅致力于打造推动马克思主义理论学术研究的交流平台，更是将推动思想政治理论课教学改革创新作为办刊的使命任务。期刊依托"思政课创新论坛""优秀教案展示"两个特色栏目，将红色文化融入大中小学思政课一体化教学之中。从教学内容、教学方法、教学规律等层面入手，推动红色文化进教材、进课堂、进学生头脑，进一步提升新时代"大思政课"教学实效。

一是探索红色文化融入高校思政课教学的实践路径。南开大学拥有深厚的爱国主义教育传统，持续深化爱国主义教育，打造示范基地，编写特色教材，推动"大思政课"改革创新。《马克思主义理论教学与研究》依托南开大学，精心打造特色栏目，积极推动红色文化融入高校思政课教学，2024 年第 2 期刊登的《伟大建党精神融入高校思政课教学的价值意蕴、内容设计与实践策略》（阮一帆、吴东艳）一文，论述了伟大建党精神融入"马克思主义基本原理""习近平新时代中国特色社会主义思想概论""中国近现代史纲要""思想道德与法治"等课程的内容要点，以问题为导向，创新"六类方法"，提升红色文化融入的整体效果。与此同时，期刊还聚焦某一门具体思政课的教学着力点，深入研究红色文化融入的实践路径。例如，2023 年第 3 期刊登的《"中国近现代史纲要"课程教学讲好中国式现代化的着力点与实践路径》（王辛刚）一文，在阐释中国式现代化的艰辛探索历程、文化底蕴、重大原则与本质要求等相关内容时，探索教学各个环节的具体着手点，实现在课堂互动中积极解答学生疑惑、强化实践教学针对性的目的。

二是优秀案例助力红色文化教学课堂的实效性。教学案例是对一个具体教学实践过程情境的描述，是对实际教学现象的动态性把握。为了进一步发挥思政课立德树人关键课程作用，把红色文化讲深、讲透、讲活，达到沟通心灵、启智润心的作用，《马克思主义理论教学与研究》对历届全国高校思政课教学展示暨优秀课程观摩活动中的教学案例进行严格筛选并展示，用生动的教学实践经验和一线的教学内容助力红色文化教学课程的实效性。在《"理想信念是精神之'钙'"教案》(解雅梦)中的案例解析环节,教师围绕"选择""动力""境界"展开理想信念教学时融入了党史案例:中共一大代表的不同人生走向,陈觉和赵云霄这对革命伉俪《最后的信》,《断肠明志——陈树湘》《纵身一跃——陈树生》油画雕塑作品的教学内容,让同学们在与革命先辈的对话中感受信念的力量,要接续革命先烈用勇敢和无畏守护着的心中火热的信仰,在新时代新征程上,以信仰为灯,接棒前行。

三、弘扬红色文化实践与探索的经验启示

(一)学术引领:以红色理论武装头脑

习近平总书记在哲学社会科学工作座谈会上提出"加快构建中国特色社会科学"的重要论断和战略任务。马克思主义理论期刊要紧紧围绕加快构建马克思主义理论学科体系、学术体系、话语体系,立足于中国具体国情、面向中国生动实践,深刻阐释好中国道路、中国制度、中国智慧,推动中国特色哲学社会科学创新性发展。红色文化是在革命战争年代,由中国共产党人、先进分子和人民群众共同创造并极具中国特色的先进文化,蕴含着丰富的革命精神和厚重的历史文化内涵,是马克思主义基本理论同中国具体实际、同中华优秀传统文化相结合的产物。马克思主义理论期刊,一方面要依托自身的办刊定位,通过相关议题、特色栏目设置加强红色文化、红色血脉的学理研究阐释,例如从习近平文化思想、中国共产党百余年实践探索、青少年红色文化教育等角度深入挖掘红色文化背后所蕴含的思想内涵、价值意蕴;同时,结合党和国家最新理论创新成果,如设置"学习贯彻党的二十大精神""学习贯彻党的二十届三中全会精神"专栏,使红色文化研究焕发出时代生机。另一方面,积极打造红色文化学术共同体。马克思主义理论期刊要加强与高校马克思主义学院和相关研究机构在红色文化研究中的密切联系。例如《马克思主义理论教学与研究》与南开大学马克思主义学院、南开大学·21世纪马克思主义研究院、天津

市高校习近平新时代中国特色社会主义思想研究联盟等机构围绕中国共产党百余年奋斗历程联合承办"坚定自觉走好新时代'五个必由之路'""开辟马克思主义中国化时代化新境界"等学术研讨会，助力形成红色文化研究阐释的长效机制。

（二）教学实践：以红色教学立德树人

习近平总书记在全国教育大会上强调："不断加强和改进新时代学校思想政治教育，教育引导青少年学生坚定马克思主义信仰、中国特色社会主义信念、中华民族伟大复兴信心，立报国强国大志向、做挺膺担当奋斗者。"马克思主义理论期刊促进学术研究的同时，一定要始终秉持铸魂育人、立德树人的责任与担当。面对以普世价值观、利己主义、享乐主义为代表的西方意识形态的入侵，大力加强对青年红色文化宣传教育、社会主义核心价值观培育势在必行。马克思主义理论期刊要继续围绕"四史"教育、中国共产党精神谱系、"两个结合"融入高校思政课教学等相关议题约稿组稿，重在对高校思政课中红色文化的教学内容、教学方法、教学效果评价等维度的研究；同时，主动拥抱现代科技的最新成果，探索人工智能、数字思政等新技术新手段助力高校思政课红色文化教学的研究。为进一步探索红色文化思政课教育教学新模式，2023 年 6 月，《马克思主义理论与教学》与全国高校思政课虚拟仿真体验教学中心（北京理工大学）在"重走长征路""中国精神"等教学主题如何以虚拟现实、人工智能、大数据等为技术支撑的思政课教学的数字教育方面进行了深入的交流，为双方今后在数字思政教育成果的展示宣介、实践应用达成了合作意向。

四、新时代弘扬红色文化的使命任务与实践路径

（一）坚守学术底线：赓续红色血脉

红色文化的学理阐释一直是学界热点，不仅是马克思主义理论期刊，许多高水平的哲学社会科学刊物也围绕相关议题进行学术阐释研究。但由于一些学术期刊栏目设置趋同，办刊定位相似，刊发文章良莠不齐，影响了学术生态健康发展。《马克思主义理论教学与研究》作

为新秀刊物,要通过设置特色专栏,约请学界相关知名专家学者撰写高质量、高水准文章,同时挖掘红色文化、"四史"研究领域内具有潜力的中青年学者,寻找红色文化研究新的学术增长点,且刊发的文章不能仅仅停留在宣传阐释层面,而是要深入探究红色文化的内在机理、思想内涵,才能保证红色文化学术研究高质量长效发展。只有严把学术质量关、坚守学术底线,才能让红色文化学术研究与时俱进,真正用好红色资源,赓续好红色血脉。

(二)加强交流合作:用好红色资源

《马克思主义理论教学与研究》要坚持"走出去"原则,进一步加强与其他学术机构和科研院所的合作交流,用好红色资源,打造自身特色。例如,期刊应充分利用南开大学及南开大学马克思主义学院等机构的有关爱国主义教育、红色文化融入"大思政课"建设的实践经验,加强对百年南开"爱国三问"的传承、南开探索形成的"师生四同"社会实践育人新模式、校园文化与校史教育相融通等典型案例的介绍。基于此,形成期刊有关红色文化的特色研究和教学案例展示,既有学理性又兼具实践性,这样才能充分用好红色资源,达至立德树人、启智润心的作用。

(三)拓展传播渠道:做好宣传教育

受限于传统的纸媒传播手段,目前《马克思主义理论教学与研究》主要通过刊登文章进行红色文化教学与研究成果的展示,未来应进一步拓展传播渠道,借助多样化的多媒体传播平台,让承载着红色文化、中国精神的研究成果服务更多学者和师生。例如,利用七一建党节、八一建军节、十一国庆节等重大时间节点,在期刊微信公众号上设置红色文化专题文章展示;或是与学习强国、人民日报客户端等平台合作,积极推送有关党和国家重大理论创新研究成果和教学案例,让更多的人民群众了解中国共产党百余年伟大的奋斗历程,了解红色文化、红色血脉中所蕴含的精神实质。

(杨芊,南开大学马克思主义学院)

联动内外宣讲、构筑"三堂合一"，打造南开人专属的红色文化育人高地

——"马克思主义在南开"主题展览五周年纪

引 言

2019 年，为贯彻落实党的十九大精神、庆祝中华人民共和国成立 70 周年、纪念五四运动 100 周年、迎接南开百年校庆，南开大学大型主题展览"马克思主义在南开"正式开幕。五年来，展览创新运用红色文化资源，深挖思想之根、点亮精神之光、贯通历史之脉，内外宣讲齐发力，打造红色殿堂、立体讲堂、实践课堂"三堂合一"的红色文化育人新高地，以培育与中国式现代化同频共振的青春力量赞礼新中国 75 周年华诞，落实好习近平总书记视察南开大学的殷切嘱托。

一、背景情况

习近平总书记指出,"中国式现代化是物质文明和精神文明相协调的现代化,要弘扬中华优秀传统文化,用好红色文化,发展社会主义先进文化,丰富人民精神文化生活"①。红色文化是伴随着马克思主义在中国的传播而诞生的。它形成于新民主主义革命时期,发展于社会主义建设时期,壮大于改革开放历史新时期,升华于中国特色社会主义新时代,体现着党的性质宗旨,承载着党的初心使命,具有深厚的历史底蕴、丰富的精神内涵和突出的时代价值。

"马克思主义在南开"主题展览全面梳理、展示了马克思主义在南开的传播、研究、发展历程和成果,共分为马克思主义的诞生与发展、中国共产党的革命精神谱系、马克思主义在南开三个部分。

深挖思想之根,追溯马克思主义的诞生与发展史。展览开篇深入回顾马克思主义从诞生到发展的辉煌历程,详细阐述马克思、恩格斯创立马克思主义科学体系的伟大贡献,生动展现马克思主义在指导国际共产主义运动和世界社会主义事业中的重要作用。同时,重点介绍马克思主义中国化的进程,彰显马克思主义的科学性和真理性、人民性和实践性、开放性和真理性,不仅让观众对马克思主义有全面系统的认识,更深刻理解其与时俱进的理论品质。

点亮精神之光,聚焦中国共产党的革命精神谱系。展览的第二部分通过介绍红船精神、井冈山精神、苏区精神、延安精神、"两弹一星"精神等一系列具有丰富民族特征和时代内涵的革命精神,生动展现了中国共产党人在不同历史时期对初心的坚守和对使命的担当。这些精神不仅是党的宝贵精神财富和政治资源,更是激励着一代又一代中国共产党人不忘初心、继续前进的强大动力。通过这一部分的展示,观众能够深刻感受到中国共产党在领导中国革命、建设和改革过程中所

---

① 在新时代大力弘扬红色文化[N]. 人民日报,2024-04-10(09).

形成的独特精神风貌和强大精神力量。

　　贯通历史之脉，梳理马克思主义在南开的光辉历程。展览的第三部分详细回顾了南开大学在马克思主义传播与教育中的历史贡献，从早期周恩来、马骏等革命先驱在南开学习并传播马克思主义，到新中国成立后南开大学系统开展马克思主义理论教育，再到新时期马克思主义教育的全面推进和新时代马克思主义学院发展的历史性机遇，展览以时间为轴，以事件为点，全面展现了南开大学在马克思主义教育领域的深厚底蕴和显著成就。

　　该展览被纳入"百年校庆十大校园文化活动计划"，线上 VR 参观与线下讲解预约同步开放，实现了线上线下的有机融合与互动。学院组建的学生讲解队伍，已为近百个来访单位讲解，覆盖人数近千人次。

学生们为校内外来访单位讲解

二、主要做法

（一）对内宣讲：新生教育传承红色基因，支部共建凝聚奋进力量

展览自开放起，便成为南开大学马克思主义学院新生入学教育的必修课程。新生们在讲解员的带领下，通过参观展览，快速了解马克思主义理论学科的发展历史，感受南开大学的红色底蕴和光荣传统，增强对学院的认同感和归属感。从马克思主义的诞生与发展，到中国共产党的革命精神谱系，再到马克思主义在南开的传播与实践，展览连接着过去与现在，让红色基因在新一代南开学子心中生根发芽，激励着他们成为马克思主义中国化在新时代发展的学习者、践行者和传播者。

各党支部也将展览作为党性教育和理想信念教育的重要载体。学生党支部、教职工党支部充分利用展览平台，开展联合党日活动、党建联学共建交流会等，通过参观展览、研讨交流等形式，强化党员身份意识，凝聚青春奋进力量。例如，在庆祝中国共产党成立100周年之际，学院学生党支部与生科院学生党支部联合开展了"致敬百年，不忘来时路"党日活动，两支部党员在讲解员的带领下共同参观了展览，并在展览结束后进行了深入的交流讨论，立志在新的历史起点上继续发扬革命传统，赓续红色血脉，为实现中华民族伟大复兴的中国梦贡献自己的力量。

（二）对外宣讲：高校来访搭建交流桥梁，政商企校共绘发展蓝图

以展览为桥梁，学院与众多国内外高校交流合作，畅通协同育人机制，实现红色文化资源共融共享。学院先后与湖南工商大学、河南理工大学、燕山大学、天津师范大学、喀什大学、苏州大学、哈尔滨工程大学、成都理工大学、杭州电子科技大学等高校马克思主义学院就思政课建设、学科建设、师资队伍建设和人才培养等方面探讨交流，并通过展览增进来访高校对南开大学马克思主义教育教学特色、马克思主义学科发展成果的了解，为后续合作打下坚实基础。此外，展览

还吸引了国际友人与国外高校师生的关注与参与，增进了国际的学术与文化交流。

以展览为窗口，学院与地方政府、企事业单位等开展合作，共同挖掘红色文化资源，推动红色文化与经济社会发展深度融合。学院与河北省固安县委组织部初步达成共建"南开大学中国式现代化乡村工作站"意向，就如何更好地服务中国式现代化建设、促进乡村振兴等问题展开深入讨论；与中汽中心检测认证事业部天津检验中心签署共建协议，就加强人才交流、开展专题培训、深化课题研究等方面达成合作共识；与天津市实验中学签订思想政治教育改革创新共建协议，通过展览宣讲等形式，将红色文化引入校园，助力青少年健康成长。

三、经验启示

（一）铸就"红色殿堂"，让红色资源"活"起来

习近平总书记指出，"要把红色资源运用好，把红色传统发扬好，把红色基因传承好"①。南开大学马克思主义学院依托"马克思主义在南开"主题展览，精心铸就"红色殿堂"，激活红色资源，让历史生动再现。展览分为"马克思主义的诞生与发展""中国共产党的革命精神谱系""马克思主义在南开"三大部分，系统展现马克思主义的诞生、发展与中国化历程，以及南开师生在传播马克思主义中的卓越贡献。详实史料与多维互动，使学生直观感受马克思主义真理力量，深刻理解其对中国革命、建设和改革的深远影响。学院牢记总书记嘱托，传承红色基因，发扬红色传统，让红色资源在新时代焕发新活力，成为青年学子坚定信仰、追求真理的精神家园。

（二）构建"立体讲堂"，让青言青语"红"起来

习近平总书记寄语新时代青年，"在推进强国建设、民族复兴伟业中展现青春作为、彰显青春风采、贡献青春力量，奋力书写为中国式

---

① 用好用活红色资源 传承弘扬红色文化[N]. 新华日报，2024-01-22.

现代化挺膺担当的青春篇章"①。南开大学马克思主义学院通过"马克思主义在南开"主题展览，匠心打造"立体讲堂"，让青年学子的声音在红色浪潮中响彻四方。展览不仅是静态展示，更是生动的教学现场，通过讲解员深情讲述、互动问答等多元形式，搭建起理论与实践的桥梁。学生们在此不仅听理论、看历史，更能思当下、议未来，让红色思想在交流中碰撞出更加绚烂的火花。青年学子们以青春之名，用激昂之语，传承红色基因，弘扬时代精神，让"青言青语"在红色讲堂中愈发响亮，成为新时代最动人的旋律。学院以此为沃土，培育着有理想、有本领、有担当的青年马克思主义者，共同书写新时代的红色篇章。

（三）搭建"实践课堂"，让育人效果"实"起来

习近平总书记强调，"要坚持把立德树人作为中心环节，把思想政治工作贯穿教育教学全过程，实现全程育人、全方位育人"②。学院巧借"马克思主义在南开"主题展览，用心搭建"实践课堂"，显著提升育人实效，实现立德树人新飞跃。通过展示生动案例，引导学生们深入思考和探讨马克思主义理论的现实意义和实践价值，鼓励学生在师生"同学、同研、同讲、同行"中加深对学科、专业和社会的认识，培育学马信马传马的时代新人。建立线上虚拟 VR 展览馆，打破时空界限，拓宽育人路径，让红色教育触手可及。学院以此为平台，不仅传授知识，更重在铸魂育人，为新时代青年铺设坚实信仰基石。

四、重要意义

（一）阐释马克思主义真理力量的教科书

"推进马克思主义中国化时代化是一个追求真理、揭示真理、笃行真理的过程。"展览以时间为轴，从马克思主义的横空出世，到世界社会主义阵营的形成，再到中国特色社会主义理论体系的成熟完善，展

---

① 奋力书写为中国式现代化挺膺担当的青春篇章[N]. 人民日报，2024-05-06.
② 把思想政治工作贯穿教育教学全过程[N]. 人民日报，2021-11-19.

现了马克思主义从理论到实践的辉煌历程。马克思与恩格斯等思想巨擘的智慧火花，在展览中得以璀璨绽放，他们深刻剖析社会矛盾的锐利眼光、揭示历史发展规律的远见卓识，让每一位参观者都能深刻感受到马克思主义作为科学真理的不朽力量。在人类思想史上，没有哪一种理论像马克思主义那样对人类产生了如此广泛而深刻的影响。今天，马克思主义极大地推进了人类文明进程，不仅深刻改变了世界，也深刻改变了中国。它的科学性和真理性、人民性和实践性、开放性和时代性都在与中国实际相结合、实现马克思主义中国化的进程中不断彰显。人类历史滚滚向前，马克思主义必将在探索时代新课题，回应时代新挑战的进程中永葆青春，指引着人类走向更加光明的未来。

（二）中国共产党革命精神谱系的集合库

"共和国是红色的，不能淡化这个颜色。"展览通过丰富的历史图片，全面展示了中国共产党人的革命精神。从新民主主义革命时期的井冈山精神、苏区精神、长征精神、延安精神、西柏坡精神，到社会主义革命和建设时期的抗美援朝精神、"两弹一星"精神、雷锋精神、焦裕禄精神、红旗渠精神，以及改革开放和社会主义现代化建设新时期的特区精神、抗洪精神、抗震救灾精神、载人航天精神，再到中国特色社会主义新时代的脱贫攻坚精神、伟大抗疫精神、探月精神、新时代北斗精神，这些宝贵精神是红色文化的重要内容和体现，是我们党立党兴党、执政兴国的精神财富，是战胜各种艰难险阻、推动党的事业发展的不竭动力，它们跨越时空的界限，成为激励当代青年学子继续前进的重要力量。

（三）激励青年学子挺膺担当的催征鼓

"只有把小我融入大我，才会有海一样的胸怀，山一样的崇高。"展览通过再现南开大学师生在传播和研究马克思主义过程中的感人事迹和辉煌成就，展现了南开人深厚的爱国情怀和崇高的使命担当。从马克思主义早期的传播，到马克思主义教育的奠基准备，以及新时期马克思主义教育的全面推进，再到新时代马克思主义教育的历史性机遇,展览不仅是一次知识的传递和思想的启迪,更是一次精神的洗礼和责任的召唤。在习近平新时代中国特色社会主义思想的引领下,南开大学马克思主义学院师生将继续做好马克思主义理论的学习研究和宣传阐释,始终坚持开门办马院,切实提高政治站位,不断推进思政课教学改革和思政课教师队伍建设,推动重点马克思主义学院建设再上新台阶,实现新突破,再创新辉煌,为全面建设南开品格、中国特色、世界一流大学作出更大贡献。

（辛怡霖、高田琪、马红英,南开大学马克思主义学院）

青春向党，讲好我求学的城市故事；建功天津，推进中国式现代化发展

引　言

为深入学习宣传贯彻党的二十大精神，发挥党支部战斗堡垒作用，南开大学样板党支部、商学院本科生第一党支部以"青春向党，讲好我求学的城市故事；建功天津，推进中国式现代化发展"为主题开展党日活动，支部党员赴天津古文化街、平津战役纪念馆、天开高教科创园、觉悟社纪念馆、周恩来邓颖超纪念馆等地走访调研，党员带头"读、学、研、讲"，形成创新性理论学习成果，获评天津市教育系统"创最佳党日"优秀活动、南开大学"创最佳党日"活动一等奖。

一、背景情况

为深入学习宣传贯彻党的二十大精神，进一步全面深化改革，推进中国式现代化，发挥党支部战斗堡垒作用和党员先锋模范作用，引导支部党员在真学真信中坚定理想信念，在学思践悟中牢记初心使命，南开大学样板支部、商学院本科生第一党支部以"青春向党，讲好我求学的城市故事；建功天津，推进中国式现代化发展"为主题，带领学生党员从"读、学、研、讲"四个维度，了解天津、热爱天津、服务天津、建设天津，在与各高校的交流互鉴中，讲好南开故事、天津故事、中国故事，用青年党员的话语，展示开放大气、充满活力、独具魅力的天津大都市形象，在全面建设社会主义现代化大都市新征程上书写青春华章。

二、主要做法

（一）原原本本读原文，明晰天津发展新动能

党支部从了解天津入手，夯实理论学习之基，把"为什么要服务天津发展"的问号拉直。

在活动开始前，党支部面向全体党员进行调研，73%的党员同志对天津比较了解，27%的党员同志不太了解。针对调研情况，党支部开展 6 次集中学习活动，围绕党的二十大报告、天津市第十二次党代会报告、天津市 2023 年政府工作报告等文件开展学习讨论，邀请学院副院长开展党的二十大精神学习专题讲座。通过深入的理论学习，党支部明确天津市"十项行动"内容，尤其是人才培养引进相关政策规划，开展"我为群众办实事"主题学习，面向毕业年级党员学习做好就业观引导，围绕"海河英才"相关政策做好解读，打破部分党员对于天津的刻板印象。通过从理论学习，青年党员对天津逐渐形成一个"近悦远来"的印象，将天津作为升学就业的第一选择。

（二）真真切切实地学，打造天津特色实践图

党支部以热爱天津为主线，把稳实践学习之舵，把"我和我求学城市关系"的逗号画圆。

党支部聚焦天津的城市文化与历史底蕴，围绕"我和我求学的城市"主题绘制实践调研地图，充分挖掘历史文化名城的红色记忆和精神内涵，让青年与老城"握手"，在真听真学真感受中充分了解天津。党支部组织多支学习小组打卡天津市红色地标，采用提前备课、现场讲述、自主讲解的学习方式，前往南开大学校史馆、周恩来邓颖超纪念馆、觉悟社纪念馆、梁启超故居、平津战役纪念馆等地开展走访学习，擦亮"近代中国看天津"的城市名片，让红色资源成为可"视"的精神和可"触"的信仰。同时，围绕天津市核心重点项目，党支部赴天开高教科技园、世界智能大会、天津自然博物馆等地走访调研，深入挖掘青年党员建功实践点，探索"学科+人才+产业"的创新发展

模式，让基层党支部"细胞"活起来，感受悦动发展的大都市脉搏。

党支部参观觉悟社纪念馆

党支部参观平津战役纪念馆

党支部参观天开高教科创园

（三）扎扎实实研案例，译码人才与城市逻辑

党支部以服务天津为抓手，拓展研究学习之界，把"人才培养和城市发展逻辑"的句号画满。

党支部将前期学习调研的相关内容，通过资料整理、同学共读、集体备课、理论宣讲等多种形式夯实学习实效，打造精品党课"汇聚商科思维，学习党的二十大精神，服务天津发展建设"，从"商以富国"的学科视角，构建实践与理论的"旋转门"，推动基层党支部赋能城市发展和中国式现代化建设。党支部从自身调研案例入手，联合浙江大学控制科学与工程学院本科生第一党支部、哈尔滨工业大学航天学院工程力学本科生党支部和西安交通大学人居学院文治彭康本科生师生联合党支部"同题共答"，分享交流所在学校与城市相互滋养的案例，译码高质量人才培养和城市发展建设关系，以做强高质量党建回应时代命题，打通培养人才、留住人才、善用人才的"神经线"，让基层党支部成为助力城市发展的"助推器"。

（四）常学常新做宣讲，服务中国式现代化发展

党支部以建设天津为核心，明确成果转化之道，将"推进中国式现代化发展"的惊叹号点亮。

党支部将理论学习成果、实践调研心得、案例分析报告充分融会贯通，根据天津市重点红色点位打造 6 篇宣讲材料，形成"我和我求学的城市"心得体会 50 余篇，拓展"读、学、研、讲"的理论学习闭环，系统梳理天津市"十项行动"与中国式现代化建设逻辑关系，打通"中梗阻"，形成"强链接"，用青年人喜闻乐见的话语讲好中国式现代化发展故事。党支部深入推进党团班一体化建设，面向对接的 8 个班团支部开展"青春向党，讲好我求学的城市故事；建功天津，推进中国式现代化发展"系列课程，以宣讲材料为基础，形成党团课程"定制化清单"，拓展形成全融合的"资源池"，以"沉浸式"锻炼讲好天津故事，引领带动更多优秀青年学生投身天津创新发展，发挥基层党支部战斗堡垒作用，推动形成学校、人才与城市互相赋能的开放局面。

三、经验启示

党支部通过开展寻访天津城市历史文化特色、挖掘天津创新驱动发展活力、展现城市变化新面貌等多方面活动内容，助力学校与天津相互赋能，奉献新时代学生党员的青春力量。

（一）用数据说话，提升服务天津贡献度

党支部在系列活动后，面向全体党员开展调研，问卷调查结果显示，通过开展"青春向党，讲好我求学的城市故事；建功天津，推进中国式现代化发展"党日活动，支部党员对天津的了解从73%提升到100%。在对天津红色革命文化的学习中，充分感受到天津蕴含的爱国主义精神，流淌着红色的血脉，让青年党员在学思践悟中筑牢信仰之基，补足精神之钙，为自己求学的城市感到骄傲和自豪。调研显示，通过政策文件解析和案例研究分析，35 位支部同学表示通过党日活动

的开展，充分认识到了天津的历史文化沿革和未来发展前景，计划本科毕业之后在天津升学就业，用自己的专业知识服务天津发展建设，展现青年党员的奋斗和担当。

（二）用脚步丈量，打造服务天津生力军

在党日活动过程中，支部党员查找资料、实地学习、撰写材料、主动宣讲，形成"读、学、研、讲"的理论学习闭环。党支部充分发挥青年党员的主观能动性，围绕大家密切关心的重点不断深化内容，引导党员发挥先锋模范作用，发掘天津城市发展中饱含爱国情怀的历史细节，探索天津创新建设中的优势资源，为支部党员成长成才提供了开放式场域，形成具有示范效应的活动模式。同时，充分发挥党支部的战斗堡垒作用，将服务天津发展建设作为支部工作的重点部分，把支部培养的优秀人才留住，成为建功天津的生力军，持续为天津建设发展输送人才。

（三）用行动启航，形成持续发声宣传队

党支部把"我和我求学的城市"作为长期项目持续跟进，开展常态化走访调研，不断拓展调研半径，形成联动红色实践基地、绿色生态基地、蓝色创新创业基地等多维度多视角的服务天津地图，融合乡村、街道、企业等多主体关系，以党支部为核心轴，撬动服务天津发展建设的大动脉，将优秀的党支部人才输送到天津最需要的各行各业。同时，实现线上与线下相结合，把调研成果和宣讲课程打造成可移动的新媒体素材库，围绕天津市重点项目持续跟进，打造天津的青年党员宣传队，为建设社会主义现代化大都市贡献青春力量。

四、深入思考

（一）固本培元，提升服务天津发展能力

党支部以"立德树人"为核心，让支部党员成为服务天津建设发展的"源头活水"，从了解天津开始，在"读、学、研、讲"中感受天津市城市发展的魅力，明确新时代青年党员的责任担当，从热爱自己

求学的城市开始，牢固树立"天下人才天津用"的理念，培养德智体美劳全面发展的时代新人，为天津建设发展打造人才"蓄水池"。

（二）凝心铸魂，推进中国式现代化发展

党支部以推进中国式现代化为主线，让支部党员发挥主观能动性，将城市发展与个人成长相结合，打造高质量发展的"旋转门"，引导青年党员当先锋、打头阵，在服务天津发展出谋划策中当主力、作引擎，围绕全面建设社会主义现代化大都市讲好青年故事，传播积极向上的正能量，打造面向实践的支部活动新模式。

（曹莲娜，南开大学商学院）

深挖内涵、创新形式、拓展功能，弘扬"红色教育家"精神

——商学院为教师思政建设擦亮信仰底色

引 言

习近平总书记说："红色是中国共产党、中华人民共和国最鲜亮的底色。"2024 年，南开大学商学院入选南开大学党建标杆院系。在标杆院系建设中，商学院多措并举不断厚植师德文化、强化师德涵育，营造浓厚尊师重教氛围，将红色文化与师德建设实践相结合、与学院平台资源相结合、与教师发展需求相结合，持续挖掘红色文化内涵、创新活动形式、实现功能拓展，以信仰底色引导学院教师潜心教书育人，立志做好新时代的"大先生"，为加快建设教育强国贡献南开商科

力量。

一、背景情况

习近平总书记指出："保护好、运用好红色资源，加强革命传统和爱国主义教育，引导广大干部群众发扬优良传统、赓续红色血脉，践行社会主义核心价值观，培育时代新风新貌。"红色文化是中国共产党领导人民在革命、建设和改革实践中创造、凝聚而成的精神文化结晶，不仅包含了精神层面，还体现在具体形态中。

商科的实践性和综合性很强，日新月异的科技革命、日趋激烈的国际经济竞争和人才竞争，给商学院师德建设提出了新的课题。以红色文化强师德铸师魂，守好"红色根脉"、用好红色资源、续写红色故事，以信仰感染人凝聚人，为师德擦亮信仰底色，意义重大，刻不容缓。

二、主要做法

（一）内涵篇——依托学习工作实践，宣传阐发红色文化内涵

学院是思政教育的基层单位，将红色文化的思想内涵与师生学习工作的现实联系起来，才能让广大教师愿意学、容易懂。红色文化的思想内涵是马克思主义、精神内核是中国共产党人的精神谱系和中国精神、根本立场是人民至上。商学院挖掘这一内涵同中华优秀传统文化、南开文化与商科文化的内在关联，不断进行红色文化内涵的南开诠释、商科诠释。

一是强化思想理论武装，打好红色文化宣传"阵地战"。商学院根据学校部署，制定完善支部理论学习任务计划，依托"学院党委—党支部—党员教师—全体教师"学习网络，不断升温红色文化与教师思政教育热潮；在教师节开展恳谈会，激励教师不忘立德树人初心，牢记为党育人、为国育才使命；召开班导师培训暨经验交流会，提升班导师育人水平。

二是学习习近平总书记重要指示，打好教师思政建设"持久战"。在日常学习之外，商学院主动举办纪念习近平总书记"3·18"讲话五周年活动，鼓励教师做到"六要"要求，成为"四有"好老师，做好课程思政，培养担当民族复兴大任的时代新人。在威海刘公岛的拍岸惊涛中、平津战役纪念馆的壮阔展览中、西青区第六埠村的人间烟火中，教师们沿着总书记足迹，感受民族复兴的勇毅前行、红色江山的来之不易、总书记的为民情怀。

三是依托南开红色资源，打好南开商科诠释"主动战"。百年南开校史，就是南开教师爱国奋斗史，南开大学把爱国主义是南开的魂作为教育家精神在南开的核心表达，开展"厚植爱国情怀 培育时代新人"爱国主义教育系列主题活动，纪念于方舟同志光荣入党 100 周年，重温老一辈革命家精神，纪念周恩来新解"公能"校训 85 周年，将"公能"校训与一代代南开人的奉献、坚守、勇毅、拼搏精神相结合，激励师生爱国爱校、努力奋进。

（二）形式篇——立足学院发展实际，守正创新红色文化活动

红色文化的根本立场是人民至上。习近平总书记指出："中国式现代化是物质文明和精神文明相协调的现代化，要弘扬中华优秀传统文化，用好红色文化，发展社会主义先进文化，丰富人民精神文化生活。"

一是坚持知行合一，在社会实践中体悟红色文化。商学院持续推进"师生四同"社会实践活动，仅 2024 年就组织 30 支师生社会实践队赴全国各地开展社会调研，鼓励师生实地调研观察，"把论文写在祖国大地上"，真正做到"知中国、服务中国"。学院现已在全国范围内建设 10 余个中国式现代化乡村工作站，为乡村振兴贡献南开商科智慧与力量。

二是坚持资源联合，在红色联盟中传播红色文化。学院推动院内外资源与优势互补，已与学界、社区、乡村、科研院校、企事业的 20 余家单位签署"商学+"红色联盟协议，在党建引领、人才培养、科研创新、社会服务等领域深度合作，共建共促师德育成、人才培养。

三是坚持积极引导，在主动参与中构建红色文化。学院以新教工入职发言、师德优秀教师的先进事迹与公开发言、师德主题课题立项等多种形式，引导教师以各种形式"链接"红色文化、接受熏陶。例如，由白长虹院长领唱，学院党委书记王坚等院领导几乎全体带头参加的商学院百人教师合唱团，在2024年南开大学"唱支红歌给党听"教职工合唱比赛中勇夺第一，荣获一等奖第一名，教工们在排练和汇演中感受红色正能量与团队精神。

四是坚持精心设计，在主题性活动中呈现红色文化。商学院开展"胸怀'国之大者'，书写南开担当"师德师风主题展，整理和推广体现师德真谛、易学易传播的师德标语与具有代表性的警示案例，让广大教师在繁忙的工作之余，能够方便地学习和接受教育，并配合教师节知识竞答、师德箴言打卡等形式，丰富活动形式、增强学习效果。

（三）功能篇——基于教师职业需求，落实拓展红色文化功能

习近平总书记说："精神是一个民族赖以长久生存的灵魂，唯有精神上达到一定的高度，这个民族才能在历史的洪流中屹立不倒、奋勇向前。"商学院以红色文化赋能教师思政，以红色文化感染人，实现对教师队伍与学院工作的凝聚力、引领力、创新力。

一是唤醒红色记忆，增强对全体教师的"凝聚力"。2024年9月10日是新中国第40个教师节，商学院利用这一具有特殊纪念意义的时间点，开展"大力弘扬教育家精神，加快建设教育强国——庆祝第40个教师节师德师风系列活动"，结合校史教育与红色文化宣传，通过新老教师交流座谈、师德展览、教师节知识问答等形式，开展丰富多彩的教师节纪念活动，让教师对红色文化入脑入心。

二是传承红色基因，提升对青年教师的"引领力"。新教师正处于职业生涯早期与师德规范观念的建立期。商学院每年都精心准备新教师入职培训，通过校史与院史学习、新老教师座谈、院领导沟通会、人事部门讲解政策等形式，帮助新教师在学习红色文化、校情校史、政策规定的同时牢记立德树人初心。

三是释放红色动能，激发对思政工作的"创新力"。开展院内征集立项，组建课题组，锻造教师思政的阐释宣传"排头兵"，学院现已有十余项课题在稳步推进，该举措既通过引智提升了相关工作的科学性、专业性，又引导教师从事师德、红色文化等方面研究，带动更多教师从师德规范与红色文化的被动接受者，转变为高尚师德的主动践行者、红色文化的主动宣讲者。

三、经验启示

行程万里，不忘来路；饮水思源，不忘初心。红色文化为思政教育改革创新提供助力和资源，内嵌于商学院教师思政工作体系之中。学院结合工作实际，构筑纲举目张、重点突出的"一个核心、六条机制"教师思政建设体系。

一是以理念内涵阐发为核，夯实教师思政内容库。通过对师德建设体系最新文件的及时学习、重要节点定期回顾、主题展览集中呈现、师德答题检验效果等举措，确保教师思政内容跟得紧、热度不降温。

二是以政策规划机制为略，用好系统建设组合拳。教师思政建设既要确保教师在行为上遵守师德规范，也要在思想上树立良好师德观念，通过专班建设、政策统筹，营造方向一致、步调协同、互相配合的教师思政建设机制和兼具效率与公平的学院建设体系。

三是以协同共建机制为纲，打造协同共进生态圈。通过囊括院内院外，设计各级各类部门的共享治理机制，交流共进思政建设水平。

四是以交往互动机制为维，建设师生互促强磁场。师者，所以传道受业解惑也。教师思政建设必须以"交互主体"师生为纽带，以双方互动为基础，离不开对学生的尊师重教教育。

五是以师德评价机制为标，点亮评价反馈长明灯。建立指标全面、实用完善的师德考核体系，引导广大教师坚定理想信念、厚植爱国情怀、涵养高尚师德。

六是以师德培育机制为体，落实"一公多能"计划表。以分层分类为原则，推出"一公多能"人才培养计划，提升教师的能力与自我效能感，并通过多种方式培育教师的师德意识、坚定其理想信念。

七是以文化浸润机制为翼，营造师德共进大气候。通过领导带头、模范人物、重点活动，营造积极向上、协同竞进的思政氛围。

（姜忆楠，南开大学商学院）

竖屏时代如何利用短视频传承红色基因

——以"小燕老师艾特你"视频号为例

引 言

2022 年 8 月起,"小燕老师艾特你"视频号正式上线,该账号旨在以短视频形式传承红色文化,将历史的温度、革命的精神传递给年轻一代,让红色记忆得以鲜活再现。账号以生动有趣的故事、真实动人的峥嵘岁月吸引了不少年轻人体味红色文化,发布的多期内容获得平台推荐和主流媒体转载。此外,依托该账号开展红色思政教育的实践探索也于 2023 年 1 月获天津市网络思政名师工作室培育立项。互联网时代,利用短视频讲述红色故事、传播红色文化、播撒红色基因已然成为常态,但是要想发挥好这种优势,让短视频为红色文化"代言",还需要进一步地深入研究和积极探索。

一、背景情况

红色文化是中国共产党领导广大人民在革命、建设和改革实践中积淀、形成的宝贵精神文化结晶,它既包含理想信念、价值追求、风貌品格在内的红色精神,又体现在制度机制、遗迹遗存、文化艺术等打上了革命烙印的精神和物质形态文化。它是我们党百余年奋斗过程中积累的宝贵精神财富,映射出中国共产党的初心与使命,也是推动我国革命、建设、改革事业不断向前发展的强大精神动力。

"历史是最好的教科书，也是最好的清醒剂。"①习近平总书记多次强调，我们应当用好红色资源，赓续红色血脉，努力创造无愧于历史和人民的新业绩。红色资源植根于中华民族悠久灿烂的历史文化土壤之中，记录着中国近现代史最深刻、最伟大的社会变革的足迹，承载着伟大的以爱国主义为核心的民族精神和以改革创新为核心的时代精神，凝聚着无数先烈和人民英雄浴血奋战、艰苦奋斗、勇于探索的历史，具有鲜明的爱国主义标识，它们以其独特的历史价值、教育意义和时代精神，激励着一代又一代中华儿女不忘初心、牢记使命，继续前行。

　　南开大学自诞生之日起就与爱国融为一体，以救国图强为初心而创立，"南开学校系因国难而产生，故其办学目的旨在痛矫时弊，育才救国"。2019 年 1 月 17 日，习近平总书记在南开大学视察时说："爱国主义是中华民族的民族心、民族魂。南开大学具有光荣的爱国主义传统，这是学校的魂。"在南开校史中，涌现出众多爱国的师生，谱写了壮烈的爱国故事。挖掘南开校史爱国故事就是弘扬红色文化，以校史故事引导学生学习红色历史，培养学生爱国意识和爱国情感，增强学生民族自豪感和自信心，让爱国主义精神在学生心中扎根，是牢记总书记嘱托的体现；充分发挥红色文化的教育引导作用，也是培养堪当民族复兴重任的时代新人的必然要求。

二、红色文化融入思政教育

　　如今，红色文化在坚定青年学生的理想信念、增强高校思政实效、引导大学生树立正确的"三观"方面扮演着关键角色。如何高效利用红色资源、弘扬红色传统、传承红色基因，并将之深度融入高校思想政治教育体系，激励广大青年学生勇担民族复兴大任，成为时代的新标杆，已成为新时代高校思想政治教育领域亟待深入探索的重大理论

　　① 习近平. 历史是最好的教科书 也是最好的清醒剂[EB/OL].（2014-07-07）[2023-06-01]. https://mil.huanqiu.com/article/qCaKmJFBON.

与实践课题。

（一）挖掘资源内涵，把握好运用红色资源的方向和着力点

红色资源记录着中国社会最深刻、最伟大变革的历史足迹，涵括了中国共产党领导团结全国各族人民在革命、建设、改革过程中形成的具有历史价值、教育意义、纪念意义的物质财富和精神财富。挖掘红色资源内涵，就是要深入探究这些资源背后的历史故事、人物事迹、精神特质和文化价值，揭示其对于当代社会的启示意义。

高校思政教育充分挖掘和利用红色资源，是提升教育实效、传承红色基因的重要途径。一方面，许多高校会在思政课程中融入红色资源，通过讲述红色故事、分析红色案例等方式，增强课程的吸引力和感染力。另一方面，高校可组织学生参观红色遗址、纪念馆、博物馆等，通过实地考察和亲身体验，感受红色文化的魅力，让学生在实践中深化对红色文化的认识。在讲好红色故事的过程中，应该始终秉持实事求是的态度，深入发掘故事背后所蕴含的高尚的人格力量、坚定的理想信念以及崇高的信仰追求。

（二）立足红色教育，探索运用好红色资源的新内容和新形式

红色文化教育内容创新应坚持"三贴近"原则，即贴近历史事实、贴近人民群众、贴近日常生活。通过还原真实的历史故事和人物事迹，展现革命先辈的崇高精神和高尚品德，让青年人能够深刻感受到红色文化的厚重与伟大。此外，在教育内容的创新上，也要注重结合生活实际，用群众听得懂、易接受的语言和方式讲述红色故事，让红色文化更加贴近人心、贴近生活。

从形式创新来看，应当顺应新时代、面向新青年、把握新潮流，创新思政教育教学形式，将红色文化内嵌于理论教学、实践教学、网络教学，建立思政课立体化教学模式，实现多元教学资源的整合利用。在新媒体环境下，主动搭乘新媒体技术快车，充分利用新的媒介形式如短视频等诠释与传播红色文化，在网络空间中更好地发挥红色文化的引领作用，提升红色文化的传播效能。

（三）讲好中国故事，守正创新用红色文化凝聚人培育人

红色文化为培养时代新人提供思想引领、深化理论认识、厚植爱国情怀。将红色文化融入思政课教育，引导学生深刻理解革命先辈们为国家和民族独立、人民幸福所付出的不懈努力和巨大牺牲，从而帮助他们确定正确的价值取向和人生追求。将红色文化融入新时代高校的思政课建设，是高校赓续红色血脉、落实立德树人根本任务的内在要求，也是推进新时代思政课改革创新的有力举措，有助于增强高校铸魂育人实效。因此，应当充分发挥红色文化与思政课结合的立德树人功效，着力培养担当民族复兴大任的时代新人。

三、实践案例

"小燕老师艾特你"视频号现已推出《南开，你不知道的事》系列短视频合集，其挖掘南开校史中的经典故事，以短视频的方式讲述南开故事，探索南开校史、校训、校歌等背后的爱国故事和红色文化，以青年学生喜闻乐见的短视频形式传承红色文化，让红色文化的"精气神"和"正能量"萦绕网络空间。目前，该账号运营形成了以下几种特色。

（一）挖掘南开校史，传承南开爱国之魂

通过新媒体平台广泛宣传南开校史、南开文化、南开精神，探索"爱国主义的南开表达"，并通过润物无声的方式做好学生的思想引领，引导学生坚定不移听党话、跟党走，树立和坚持正确的国家观、历史观、民族观、文化观，把自身的理想同祖国的前途、把自己的命运同民族的命运紧密联系在一起，厚植家国情怀、增长知识才干，把爱国之情、报国之志融入祖国改革发展的伟大事业之中、融入人民创造历史的伟大奋斗之中。

（二）紧跟时政热点，着力培育践行社会主义核心价值观

"小燕老师艾特你"账号始终围绕师生关切和社会热点，解学生时下之惑，将思政引领融入点滴生活。如通过挖掘"种花家"这一流行词中的家国情怀，激发学生对中国历史和文化的兴趣，也让他们在轻松愉快的氛围中认识到身为中国人的责任和使命，以"作为当代青年的我们，要铭记梦归处，不忘来时路，努力创造一个更好的种花家，实现我们中华民族的伟大复兴"作为结尾，进行启发式教育与行动号召。将红色故事与时政热点进行融合解读，能够帮助青年人进一步理解红色精神在当下的深刻含义。

"小燕老师艾特你"校史系列部分作品

（三）拓展思政育人形式，丰富内容精准覆盖教育对象

短视频的形式能够使红色文化学习与思政育人抛开"板起面孔说教"的刻板模式。无论是在视频语言的表达上，还是在故事情节的铺陈上，"小燕老师艾特你"都极力追求一个"趣"字以达到寓教于乐的效果。此外，红色短视频能够将互动交流形式拓展到视频、互动、评论区问答等多媒体形式，充分利用现代互联网的吸引力和互动机制吸引年轻人，让思政教育与红色文化教育更加贴近实际。

四、经验总结

以思政教育的实效性为短视频思政教育机制探索最终目标，需要全流程坚持内容为王、贴近学生、突出特色、同频共振的创作运营机制，以学生喜闻乐见的方式，紧密结合当代学生心理画像，创新全员育人新生态，充分挖掘学生群体本身的育人元素，探索学生内生成长动力的培育，拓宽南开特色爱国主义教育的实现路径。

（一）内容为王

深化"内容为王"策略，以数据驱动的方式进一步挖掘用户画像和需求，精准把握其兴趣偏好、信息需求及行为模式，形成一套"主题—系列—单品"的内容矩阵，实现内容的层次化、系列化、精品化。传播爱国主义知识、内容、文化，弘扬正能量，推动爱国主义精神入眼、入耳、入脑。

（二）贴近学生

红色文化以历史事件为主要载体，叙事性特征明显，很适合以短视频的形式开发。因此，在运用短视频进行红色文化教育时，应当注重内容的趣味性和启发性，避免枯燥乏味地说教。以贴近学生、喜闻乐见、润物无声的方式提升红色文化的亲和力，塑造可信、可爱、可敬的文化印象。

（三）突出特色

深入挖掘南开特色的爱国主义教育实现路径，因地制宜，以校史校事讲好讲活南开故事。一方面深挖历史，如校史故事、学风建设、诚信教育等，挖掘其中的爱国奋斗元素；另一方面紧跟时事，做好学生第一视角的鲜活记录者，在校园活动中冲到最前、报道最先，引领价值导向，彰显学校风貌。

（宋燕、张佳丽，南开大学新闻与传播学院）

数字赋能财务管理　传承勤俭节约红色基因

——以无纸化报销系统落实"过紧日子"要求

引　言

作为学校《2024 年"我为群众办实事"重点项目清单》之一，财务处自 2024 年 2 月起正式上线财务无纸化报销系统。无纸化报销是财务数字化建设的重要服务举措，突破传统报销模式弊端，为师生财务报销事项提供数字化一站式解决方案。无纸化报销系统实现了报销效率和便捷性的实质性提升，秉承双碳发展理念，师生足不出户就可以完成报销，可大幅节约人力、物力，传承勤俭节约红色基因。无纸化报销可提供全透明的财务数据，借助稽核规则和大数据分析工具，可强化预算执行管理，规范报销行为、防范支出风险，深入贯彻落实党中央"过紧日子"要求、加强财会监督，确保经费用在"刀刃"上，带头落实勤俭办一切事业要求。

一、背景情况

（一）"过紧日子"要求是勤俭节约红色基因在新时代的有力传承

勤俭节约是中华民族传统美德，"过紧日子"是中国共产党艰苦奋斗、勤俭节约的红色基因在新时代的有力传承和现实要求[①]。革命战争年代，毛泽东同志就要求"节省每一个铜板为战争和革命事业"[②]。习

---

① 严跃辉等. 基于"过紧日子"的高校财务管理改革[J]. 教育财会研究，2021（12）：56-61.

② 毛泽东选集（第一卷）[M]. 北京：人民出版社，1991.

近平总书记崇尚艰苦奋斗、勤俭节约，2013年提出"要坚持勤俭办一切事业"要求，在党的二十大报告中也要求在全社会弘扬勤俭节约精神，并多次强调"牢固树立过紧日子思想"。

教育部要求所属单位要切实落实中央精神，坚持勤俭办一切事业。2022年6月，财政部和教育部印发的《高等学校财务制度》中的第三条规定"坚持勤俭办学的方针"①。国家机关事务管理局在2022年11月印发《关于提高中央行政事业单位国有资产管理效能坚持勤俭办一切事业的实施意见》，要求加强预算财务管理，严控"三公"经费和会议费、培训费、差旅费等一般性支出，严禁超标准超范围开支②。

（二）财务数字化建设是落实"过紧日子"要求的有力抓手

党的二十大报告强调要加快推进网络强国、数字中国建设。财务工作要抓住数字经济契机，将数字化建设作为提质增效的重要抓手，推动财务工作升级，实现从核算型会计到管理型会计的重要转变。

2024年6月，第十四届全国人大常委会第十次会议表决通过的《关于修改〈中华人民共和国会计法〉的决定》，在第八条提出"加强会计信息化建设"首次将会计信息化写入会计法。高校等各类单位应加强会计信息化建设，规范数字经济环境下的会计软件基本功能和服务，有效解决各类电子凭证"报销难、入账难、归档难"等问题，推动实现"让数据多跑路，让群众少跑腿"，这样才能发挥会计数据作用，降低高校财务治理成本和资源消耗，服务学校的高质量发展，落实"过紧日子"要求。

二、主要做法

无纸化报销指通过网络，直接提交报销所需要的原始电子凭证及

---

① 高等学校财务制度[Z].（2022-08-01）[2022-08-01]. http://www.moe.gov.cn/jyb_xxgk/moe_1777/moe_1779/202208/t20220801_650108.html.

② 国家机关事务管理局. 关于提高中央行政事业单位国有资产管理效能坚持勤俭办一切事业的实施意见[Z].（2022-11-23）[2022-11-23]. https://www.gov.cn/zhengce/zhengceku/2022-11-23/content_5728434.htm.

电子报销单，最终完成经费审批报销的一种报销方式。这种报销方式可在线查验确保原始电子凭证的真实性，利用财务线上审批系统完成相关审批程序。无纸化报销在线提交后，财务处审核人员可在线提取报销数据，从而减少中间审批、投递等环节，并以相关数据为基础开展财务预警工作。

（一）夯实基础——落实电子会计凭证报销要求

电子会计凭证指电子发票、电子票据等原始会计凭证，以及其他必要电子版文件。近年来，财政部、教育部相继开展了电子会计凭证报销、入账、归档试点，电子凭证会计数据标准试点等工作，取得积极成效，为完善会计信息化制度体系的现实需要提供了有力抓手。

按上级要求，增值税电子发票接收端单位（即进行发票报销的单位，本案例中指南开大学）处理流程一般包括获取、验签、解析、入账、归档等。对于接收到的电子凭证结构化数据文件，接收端单位提取并解析，用于本单位财务系统的报销、入账，并按要求生成和保存入账信息结构化数据文件。为实现上述管理目标，南开大学财务处联合党委网信办，对网上 E 报销系统的电子发票保存、查验等相关功能做了升级改造，要求师生在报销时上传电子票据等凭证的原版电子文件，并制作相关教学视频及服务指南置于财务处网站。

（二）优化路径——搭建财务在线审批系统架构

1. 梳理审批流程，对接飞书办公平台

根据经济责任制要求，学校经费财务报销单需要财务主管、财务经手人、项目负责人、经办人的签字，加盖二级单位专用章。为落实科研领域"放管服"改革，学校 2019 年起简化科研经费报销财务审批流程，仅保留项目负责人和经办人审批签字环节。2023 年适度增加对项目负责人的约束，如项目负责人和经办人为同一人，则还需由具体承担科研项目的二级单位的财务经手人审核签章。

财务处按相关制度和实际工作需要进行梳理，设计了学校财务审批流程。首先由经办人发起财务审批，系统根据项目编号规则，判断是否为科研项目。如属于科研项目范围，提交至项目负责人审批，如果项目负责人等同于经办人，则系统会推送至所在部门的财务经手人进行审核签字。如不属于科研项目范围，系统依次提交至项目负责人、财务经手人、财务主管进行审批。其中，任何一级审批人都可选择审批通过或退回，系统支持退回至本级审批人之前的任一审批环节。

为实现学校信息化集成，方便为广大师生进行一站式服务，财务处依托学校主力建设的移动办公平台——飞书，搭建财务审批系统入口，并将每一步审批申请及审批结果通过飞书消息功能进行通知，助力财务线上审批流程顺利完成。

2. 搭建系统架构，完善审批功能建设

财务审批系统，基于网络或移动智能终端实现无纸化审批流程处理，审批业务可在线随时随地进行。系统为网上报销、收入申报、合同管理、差旅平台等各种系统提供统一的审批平台，其他系统可以将需要审批的单据信息传递至审批系统，在系统中对相应单据进行审批，并将审批结果回传给对应的系统，实现数据的实时统一。

用户可通过 PC 端和移动端浏览待审批单据及附件，审核后进行审批通过或驳回的操作。系统自动对已审批和未审批单据进行分类列示，便于用户分类管理。

（三）全面推进——上线财务无纸化报销系统

1. 改进审批环节，扩充审批业务

实际工作中，除了财务部门的对接外，还有部分的有关业务单位开展审核，完成必要的会签环节。例如，人事部门对于人员费用的审批、国际合作交流部门对国际会议的审批等。在有关兄弟部门的支持下，财务处逐步将其他部门的审批流程嵌套进财务线上审批系统之中，统一管理。

学校财务管理数字化转型，首先以报销系统为突破口，对于日常报销、收入申报、借款业务等开展首批线上审批管理。除此之外，差旅平台中差旅事前审批、预算系统中预算申报及调整的审批等业务，都架构于财务线上审批系统开展,逐步进行扩充建设。

2. 实现无纸化报销,构建智能报销系统

财务处在收入申报业务中对无纸化报销开展先试先行,逐步扩展到学生助研津贴、校内外人员劳务费等。技术成熟后,在纯电子票、校内平台转账等网上报销业务中,深入进行无纸化报销功能建设。报销人填写报销单据、上传相应附件并提交线上审批,审批人在线进行附件查阅及审批。

学校财务无纸化报销系统界面示意图

在上述系统功能实现后,持续推进智能报账系统建设,支持智能理票,多平台导入报销信息,智能采集信息的同时进行验真查重,有关电子单据在完成线上审批后传输至财务处,开展无纸化报销。

3. 大力宣传培训,培养使用习惯

财务处于 2 月 18 日下午举行无纸化报销等财务政策专题宣讲主题党日活动,飞书线上同步直播,校党委副书记梁琪出席活动并讲话。全校各二级单位分管财务工作的领导干部、会计人员、科研财务助理、项目负责人等 560 余人通过线上线下形式参加。宣讲会上,财务处对无纸化报销操作要求、注意事项等内容开展了详细讲解,为各单位规范报销行为、提高报销效率提供了针对性指导。

学校财务专题培训会现场图

为让广大师生充分了解无纸化报销实际操作流程，财务处通过网站新闻、微信公众号推文、飞书消息及问答、邮箱点对点推送等各类途径大力开展宣传工作、提高政策知晓度。

在推进无纸化报销服务过程中，财务处广泛开展访谈调研，每月线上线下结合开展业务培训，对过程中出现的问题有针对性地进行辅导。财务处坚持问题导向，深入一线，扎根群众，认真听取师生群众意见，在电子票据验证、在线审批流程、审批权限设置等多个环节反复测试、逐步优化，以增强师生满意度。

（四）风险防控——搭建大数据预警平台

为解决高校财会监督管理工作面临的新形势新挑战，落实"过紧日子"要求，学校不断提升财会监督管理信息化能力，打造全过程财务风控平台。财务处于 2023 年组织建立财务预警监控系统，对系统的稽核规则、凭证告警、动态报表等模块进行测试、优化，为加强学校财务核算事后控制、防范财务风险提供有力支撑。对于发现的问题，财务处通过 OA 系统要求相关单位自查自纠，并对回复处理结果并归档。

此外，财务处联合软件公司，已在测试系统中引入事前、事中智能稽核功能，在提交报销材料的同时进行标准审核等事前稽核，提高单据合格率和财务工作效率，保证财务信息全面、清晰、准确地反映业务实质，进而有效地支撑学校决策。

三、经验启示

一是高度符合学校勤俭节约办学理念。党中央明确要求，各部门要坚持"过紧日子"不放松，严格控制一般性支出。无纸化报销秉承"双碳"发展理念，逐步实现线上智能化、数字化作业，师生足不出户完成报销，稳扎稳打，精打细算，带头落实勤俭办一切事业要求，集中财力办大事。

二是逐步建立使用无纸化报销模式的文化氛围。报销单审签由线下改为线上，可能会存在人员使用习惯改变的困难。推广阶段，学校除加大培训力度外，需采取线上、线下审批并行的管理模式，逐步转变师生使用习惯。从审批人员角度来看，开展审批工作中反映出需要跨越时间和地域限制，灵活地进行财务线上审批，实时了解经费的审批进度，提高工作效率。从管理人员角度来看，各级审批人员须按照审批权限，对报销业务的真实性、相关性、合理性进行审批，审批流程全程可追溯，受到二级单位管理人员的普遍好评。

三是加强对财务人员的培训，推进业财融合。财务部门既是服务部门也是管理部门，除了为师生提供高质量的服务外，还应为学校管理者提供更为全面的管理信息。无论是财务无纸化报销系统的构建，还是基于管理会计视角应用大数据工具对财务报销数据进行管控和分

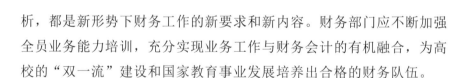

析，都是新形势下财务工作的新要求和新内容。财务部门应不断加强全员业务能力培训，充分实现业务工作与财务会计的有机融合，为高校的"双一流"建设和国家教育事业发展培养出合格的财务队伍。

四、重要意义

（一）细化监督管理，强化"过紧日子"责任

2023 年中共中央办公厅、国务院办公厅印发《关于进一步加强财会监督工作的意见》的通知，要求加强对本单位财务管理的日常监督。建设专业化的无纸化报销系统，除了可以提供数字化财务服务，还能提供全透明的报销数据。高校借助大数据分析工具可以实时得到财务报销频率、速度、退单情况等各类报销效果情况及所占比重，加强预算执行管理，进一步严控"三公"经费和会议费、培训费、差旅费等一般性支出，严禁超标准超范围开支，确保经费用在"刀刃"上。上述措施可支持财务报销细化管理，防范财务支出风险，加强财会监督，规范报销行为，遏制"公款私用"等财务报销乱象。

（二）深化"放管服"改革，合理统筹资源

为贯彻落实教育部等五部门联合印发的《关于深化高等教育领域简政放权放管结合优化服务改革的若干意见》等有关文件精神，切实简化优化服务流程，依托财务数字化工具方法和"互联网+"技术，开发专业化的高校财务无纸化报销系统，能够将原有的财务审批业务流程和财务报销流程进行充分简化，使得师生报销难的问题得到根本缓解。报销人员通过财务信息平台直接进行报销审批，不需要线下联系各级审批人员，也无需前往财务处进行投递报销，秉承"双碳"发展理念，师生足不出户完成报销，真正实现"信息多跑路、群众不跑腿"。

（三）提高业务准确度，节约工作成本

专业化的财务无纸化报销系统，根据各二级单位提交的财务印鉴对审批人员进行设置，依托学校统一设定的规则对报销流程进行设定，将审批意见留存并同步至账务系统。财务人员处理日常报销、差旅平

台支付、个税申报等各类财务业务时，减少了对审批人员准确性和签章真实性的审核工作，大幅减少了业务工作量，提高了工作效率。自 2 月 18 日正式上线来，截至 8 月 31 日，财务处共计接收无纸化报销单据 11035 张，平均处理时长为 1 个工作日，显著优于传统报销模式。在后期电子存档等配套数字化建设完成构建时，将大幅降低日常办公用纸、用墨等相关成本，实现教职工人员和财务人员的"双减负"。

（刘文婷，南开大学财务处）

本案例为下列项目研究成果：中国教育会计学会 2023 年面上研究课题"基于业财融合的高校合同管理系统应用研究"（课题编号：JYKJ2023-077MS）；天津市财务局、天津市会计学会 2023—2024 年度重点会计科研项目"加强财会监督与其他各类监督协同机制研究——以高等学校为例"（课题编号：Y230104）

通识课"周恩来与南开" 师生同讲恩来故事

引 言

2020 年秋季学期，一门叫作"周恩来与南开"的校级公选课首次出现在南开大学学生选课手册，受到同学们的广泛关注，名额几秒钟便被抢完。课程由现任金融学院团委书记杨奇主讲，至今已开设 5 年，受众 400 余人。课程重点讲述南开最伟大的校友周恩来同志与南开学校的深厚渊源，深入剖析解读周恩来同志的精神品质，引导学生主动发掘恩来精神与南开精神的契合点，帮助学生更好地学习和践行恩来精神、南开精神。课程由课堂讲授、现场教学、专题研讨、朋辈交流、成果分享、社会实践等多个环节组成。"满满的仪式感""神课，强烈推荐"……每到选课和结课周，上过这门课的学生纷纷在自己的社交平台晒出学习感受。课程获"中国大学生在线"等多家媒体报道。

一、背景情况

周恩来同志是南开的杰出校友,是南开人的崇高楷模,也是南开精神的象征。他的崇高精神、高尚品德、伟大风范丰富充实了南开精神的内涵。南开精神就是恩来精神的一种体现,而恩来精神又感召和激励着一代代南开人攻坚克难、奋勇前进,在新时代不断丰富和发展南开精神。南开大学一直注重挖掘校史资源,始终重视周恩来精神的研究、学习、传承、践行。1979 年 3 月,南开大学周恩来研究室正式成立,成为国内第一家专门从事周恩来研究的科研机构。进入 21 世纪,南开大学相继设立了"周恩来班"和"周恩来奖学金",作为南开集体和个人的最高荣誉。近年来,以恩来精神展演团、新觉悟社、翔宇剧社、周恩来·池田大作研究会等为代表的学生社团,成为学习传承周恩来精神的重要载体。

二、主要做法

(一)立足南开校史,讲好恩来故事

课程"周恩来与南开"依托南开独有的校史文化资源,以校友周恩来同志为榜样,开展具有南开特色的课堂思想政治教育,育人效果显著。该课程课堂讲授部分包括"少年时代的周恩来""周恩来的南开中学岁月""周恩来共产主义信仰的确立""南开人对恩来精神的传承"等内容,全面讲述了青少年周恩来的成长历程和人格品质养成的过程,让学生在一个个生动故事中学习周恩来的优秀品质,理解恩来精神的生成过程与内涵实质。

(二)第一、二课堂融合,强化育人效果

课程除了课堂讲授之外,还增加了第二课堂的现场教学环节,组织选课学生前往天津觉悟社纪念馆、周恩来邓颖超纪念馆等地参观学习,采取现场教学的方式,展示以周恩来为代表的觉悟社成员组织和

宣传革命斗争的事迹，诠释周恩来、邓颖超等革命先驱的爱国主义精神。课程每年组织部分选课学生组成"师生四同"暑期实践队，赴浙江绍兴、江苏淮安、辽宁沈阳和天津本地等周恩来同志青少年时代学习、生活过的地方，进行主题寻访和调研，实现第一、二课堂的真正融合，增强育人效果。

（三）引导自主合作，增强研究能力

除了教师授课外，课程还为学生提供了走上讲台的机会，分享他们的学习和研究成果。同学们自由结组，围绕"中国外交第一人""魅力口才周恩来""周恩来与他的家人"等话题，进行资料收集、专题研讨、教学设计，并登台独立授课，从多个角度呈现周恩来的人格魅力和精神品质，作为"周恩来与南开"这一课程中心内容的延伸。师生同学、同研、同讲，系统全面又重点突出地勾勒出周恩来伟大的一生。

同学们的讲授内容丰富，形式多样，别出心裁，各具特色。有南开中学毕业的学生小组专门回到高中母校搜集展示素材；有的小组用黄、棕、红、蓝四种颜色描述周恩来同志的精神品质，并通过色彩叠加，巧妙地阐释恩来精神与南开精神的一致性；此外，还有小组将原创视频、改编歌曲、访谈记录等呈现在课堂上。

（四）发挥朋辈力量，创造温情课堂

课程邀请了多位曾获得周恩来奖学金的优秀学生代表前来交流，并邀请恩来精神展演团进行专题展演，用当代学生喜闻乐见的形式进一步呈现恩来精神。这些交流着眼于大学生生涯发展，通过向学生分享个人或团队成长经历，引导学生立公增能，将个人成长与国家、社会需求结合，真正做到"为中华之崛起而读书"。

该课程课堂氛围轻松愉快，授课教师风趣幽默，师生互动性强，每一堂课程都在同学们的热烈掌声中结束。课程还在两校区周恩来总理像前为同学们拍摄了纪念合照，并为每一位选课学生颁发了专属结课证书，同学们直呼"走心"，纷纷表示"满满的仪式感"。

（五）主动领头示范，实现跨校联动

该课程是南开大学近年来唯一一门关于周恩来同志事迹精神特别是关于周恩来与南开渊源的课程，课程为对周恩来同志有着独特情怀的学生，提供了共同交流探讨的平台。

2021 年春，依托南开大学与天津医科大学教学合作机制，"周恩来与南开"课程登上天津医科大学课堂，两校实现课程同步学习。这一共享课堂模式，为两校学生交流思想、共同进步提供了新平台，为任课教师丰富了课程素材，也为两校探索创新人才培养模式献出一份力量。

三、经验启示

（一）挖掘校史资源，打造育人特色

周恩来同志是南开的杰出校友，是南开人的崇高楷模，也是南开精神的象征，了解周恩来的事迹和精神，尤其是了解周恩来与南开的历史渊源，应当成为每一位南开学子大学期间的"必修课"。课程依托南开独有的校史文化资源，以校友周恩来为榜样，开展具有南开特色的课堂思想政治教育，育人效果显著。南开大学在开展学生思想政治教育相关工作中，应充分挖掘南开校史资源，打造具有南开特色的思政教育模式，增强教育的针对性和实效性。

（二）优化育人模式，完善方法载体

在育人模式上，课程运用多种教学手段开展教学工作。课程内容包括了课堂讲授、现场教学、专题研讨、朋辈交流、成果分享、社会实践等多个环节，多种育人模式的结合，值得当前思政课程进行教学参考，打破"一言堂"教学方式，丰富课程内容，增强课程吸引力和关注度；在方法载体上，课程采取第一课堂、第二课堂相结合，教师讲授和学生讲授相结合的方法进行，有利于打破课堂与校园文化活动、社会实践活动的壁垒，值得课堂教学和校园文化活动在实际开展中加以借鉴。

四、深入思考

（一）构建以恩来精神传承为特色的南开爱国主义教育体系

习近平总书记在视察南开大学时说，南开大学具有光荣的爱国主义传统，这是南开的魂。百年南开，爱国是其最鲜明的底色，南开精神的核心就是爱国主义。南开精神是恩来精神的体现，恩来精神丰富发展着南开精神的内涵。应着力构建以恩来精神传承为特色的南开爱国主义教育体系，悉心打造一批以恩来精神为主题的优质课程，支持鼓励更多专家学者开展恩来精神研究，不断优化以《周恩来回南开》为代表的南开爱国主义核心话剧排演，建好恩来精神宣讲团、翔宇剧社、新觉悟社等学生组织和社团，支持南开师生广泛开展恩来精神主题"师生四同"实践，让恩来精神、恩来榜样随时随地、每时每刻浸润着南开师生的爱国心、民族魂。

（二）着力提高思想政治理论课的针对性和吸引力

习近平总书记近日对学校思政课建设作出重要指示，强调要"守正创新推动思政课建设内涵式发展，不断提高思政课的针对性和吸引力"[1]。思政课是高校落实立德树人根本任务的关键课程，是对大学生进行思想政治教育的主渠道和主阵地。提高思政课的针对性和吸引力，是一个系统工程，需要从理论、历史、文化等内容维度入手，夯实理论基础，深化国家认同，筑牢信仰根基；也需要从教师学生互动、课内课外协同、线上线下结合、校内校外联动等方法维度出发，构建全员、全过程、全方位的"大思政课"育人新格局，推动思政课建设内涵式发展。

（杨奇，南开大学金融学院）

---

① 守正创新推动思政课建设内涵式发展[N]. 人民日报，2024-05-30（09）.

同着戎装、同心报国，退伍学子引领携笔从戎报国志

——从红色实践中探寻激发学生参军报国志向的力量

引 言

2017 年南开入伍八学子收到习近平总书记的回信，他们的事迹激励着南开学子奋力前行。细致分析入伍八学子和后来参军入伍学子的成长经历，发现国防教育类的社会实践对他们的从军选择有着重要的影响。而每一名参军入伍的南开学子的成长足迹都是南开大学激发学生参军报国志向的生动体现。案例以一个退伍学生带领学弟学妹重返部队的实践工作为例，剖析南开精神与红色文化对激发学生参军报国志向的重要影响，总结南开大学征兵育人和国防育人的经验与成效。

一、背景情况

2017 年 9 月，阿斯哈尔·努尔太等八名南开学子选择携笔从戎，参军入伍。入伍前他们阅读了《习近平的七年知青岁月》，习近平总书记在苦难的环境中磨砺自己的故事深深打动了他们，激励着他们坚定理想信念，通过不懈奋斗完成保家卫国的理想。于是他们决定给总书记写信，希望像青年时代的总书记那样，扎根基层、心系人民、不怕困难、艰苦奋斗，用青春和汗水创造无愧于时代的光辉业绩。

2017 年 9 月 23 日，他们收到了习近平总书记的回信，总书记在信中肯定了他们响应祖国召唤参军入伍，把爱国之心化为报国之行的行为，希望他们珍惜身穿戎装的机会，把热血挥洒在实现强军梦的伟

大实践之中，在军队这个大舞台上施展才华，在军营这个大熔炉里淬炼成钢，书写绚烂、无悔的青春篇章。

2019 年阿斯哈尔·努尔太等八名入伍学子退伍返校，成为征兵宣传的名片，习近平总书记的回信激励了一批批南开学子携笔从戎，参军报国。其中 Z 同学就是一个典型的例子，因为南开入伍八学子、因为"清澈的爱只为中国"，他选择成为边防战士，驻守在中印交界。两年里他在大雪封山、4600 米海拔的哨所，见证了边防斗争，明白了肩负的责任。退伍后，他无数次梦回部队。于是在学校的支持下，他组建了"同着戎装，同心报国"社会实践队，带着祝福和捐赠物资，踏上了重返边关的征程。

二、主要做法

（一）一名退伍学子带出一支实践队伍

"2021 年 2 月，我怀揣着参军入伍的梦想，顺利通过了参军体检。正是这段时间，'加勒万河谷事件'公布，英雄团长祁发宝、营长陈红军、战士肖思远、王焯冉、陈祥榕英勇守边的事迹打动着我的心。'到边防去！到最艰苦的地方去！'一直在我心底呐喊。因为这几位素不相识的英雄官兵，我在参军志愿那一栏写下了'艰苦地区'四个字。故事就从这里开始，我与祖国的边防结下了深刻的缘分。3 月，我得偿所愿被分配在西藏自治区日喀则市亚东县某边防团某边防连，成为第一批 3 月份入伍的新兵。"南开学子 Z 同学在退伍一年之际写下了文章《卓木拉日的守望》，文字细腻而有力，直击每一位读者的心灵。重回老部队，再续戍边情，成了这位退伍老兵心中最强烈的愿望。

经历三个多月的时间，终于 Z 同学将愿望变成了现实。在学校武装部和老部队的支持下，他带领学校国旗护卫队和预征预储班的 9 名学生，跨越 4000 多公里，终于在暑期来到雪域高原。从拉萨到哨所，实践队在拉萨烈士陵园了解人民解放军与藏族爱国人士风雨同舟、肝胆相照、共同抗击帝国主义侵略、保卫边疆安全、促进祖国统一的故事，感悟特别能吃苦、特别能战斗、特别能忍耐、特别能团结、特别能奉献的精神，献花致敬英烈；在"曲美雄谷抗英纪念馆"参观满是弹孔的古墙，学习 1904 年 3 月 31 日，1400 余名藏族军民在此阻击入侵的英军，保卫国家领土主权的历史；在藏族阿妈家了解四十年的军民鱼水情和民族一家亲；在边防团和哨所体验边防官兵的卫国戍边日常，学习一代代边防人的牺牲与奉献，感受党和国家为改善哨所条件做出的全方位努力。9 天的实践，泪水与沉默、震撼与感动，最终化成一个个军礼，致敬边防英雄。

实践队成员在乃堆拉哨所合影

（二）两封回信共书爱国强军两个梦想

2019 年考进南开大学的 Z 同学，在入学之初就了解到 2017 年 9 月 23 日，习近平总书记给南开大学八名新入伍大学生回信。恰巧他的开学季遇上南开入伍八学子的退伍季，八学子在退伍返校后的座谈会上的讲述让 Z 同学心生向往，也想走进军营。

终于在入伍八学子的引领下，在加勒万河谷英雄的感动下，他如愿在 2021 年 3 月成为一名边防兵。更让他激动的是，在他驻守哨所不久后的 9 月，习近平总书记给"高原戍边模范营"全体官兵回信，向他们致以诚挚的问候，肯定他们牢记党和人民赋予的使命，坚守在生命禁区，用青春和热血守卫着祖国的神圣领土，出色完成了担负的任务。

　　Z 同学说，真的有幸能在最美的青春和总书记的两封回信有这么近距离地接触。第一封回信为他种下了参军入伍的种子，第二封回信坚定了他这个新边防人的信念与决心，使他下定了在边防部队的大熔炉里淬炼成钢，忠诚履行好卫国戍边职责，努力为党和人民再立新功的决心。

实践队成员在团部开展座谈交流

　　实践队走进并感受了边防官兵生活与战斗的地方，从边防团离开的时候，看着习近平总书记的回信，大家情绪翻涌，回信每一个字的背后都是一个动人的故事，每一句嘱托都勾勒出大家的爱国强军梦想。

　　（三）三代"金珠玛米"致敬三位藏族阿妈

　　在美丽而又神秘的卓木拉日雪山下，有三位慈祥的老阿妈，她们坚持 40 余年为哨所送菜，在祖国漫长的边境线上，老阿妈们为一代代官兵默默奉献了自己的青春。

Z 同学和实践队的同学们在出发前就把老阿妈的故事讲给了学校的师生们，带着师生们捐赠的羽绒服、取暖装备、南开特色文创和真挚的祝福前往亚东县下司马镇仁青岗村老阿妈家里。再次见到关心自己的阿妈，Z 同学难掩激动，家中的两位阿妈也一眼认出了这位曾经的边防战士，双手紧紧地握着 Z 同学的手，在 Z 同学脸上摸了又摸，就像自己出了远门的儿子回到了家一样。

老阿妈讲述戍边战士牺牲故事

团队藏族成员 C 同学认真地和两位老阿妈了解过去的故事。虽然老阿妈为一代代官兵奉献了 40 多年，但是跟大家讲得更多的是"金珠玛米"（藏语解放军）为自己和更多藏族人民的付出。讲到动情处，两位老阿妈激动落泪，C 同学也流下了泪水，在场所有人无不动容。大多数人或许听不懂藏语，但大家都知道，在阿妈慈祥的面庞下藏着一颗拥军爱军的心，40 年来，一代代边防官兵都是她们的儿子。风雪肆虐的哨所里，演绎着温暖动人的军民鱼水情。

老阿妈得知团队中不仅有 Z 同学这位刚刚退伍的年轻"金珠玛米"，还有两位军龄 20 余年的"金珠玛米"指导教师和一名即将报名参军入伍的"金珠玛米"女生后，更是激动。分别之时，两位老阿妈泪眼婆娑地站在村口，一直目送实践队完全离开。指导教师、全国模范退役军人赵清泰老师对同学们说："老阿妈的背囊里背负的军民融合、民族团结的精神，是我们人民子弟兵戍边卫国的铜墙铁壁！"

（四）四面国旗讲述"四走"国防育人成效

实践队不仅给边防官兵送去了祝福和学校师生捐赠的物资，更将带来的国旗护卫队日夜守护的国旗，送给了边防团、詹娘舍哨所、则里拉哨所和乃堆拉哨所，同时实践队也收到了四个单位赠送的国旗。这四面国旗已经有了明显的风雪印记，无声地讲述了官兵在大雪封山时守护祖国的故事。

据了解在很多年前，詹娘舍的官兵只有在岩石壁上画的一面国旗，后来一位班长带着战友们从另外一个阵地上抬过来一个旗杆，他们一起拉绳子、编绳子、钻洞，把旗杆慢慢拉起来，然后把国旗挂上去。在戍边生活中，升国旗是哨所官兵心中最神圣最庄严的仪式，虽然哨所的国旗杆矗立在海拔 4000 多米的山脊上，但只要太阳升起，官兵们就会沿着山脊，跳过峭壁，在不足 6 平方米悬崖平台上让五星红旗高高飘扬。

实践队走出校园，走向社会，走向基地，走进军营，将这四面承载着太多戍边故事的国旗带回学校。这四面国旗和 2017 年 9 月 23 日习近平总书记给南开入伍八学子回信当天在天安门广场上升起的 2017-0111 号国旗等通过"四走"国防育人实践活动获得的国旗一起珍藏在学校。在军事理论课、军训、征兵宣传、日常国防教育等活动中，相关人员会向全校同学讲述每面国旗背后的故事，致敬每一位人民解放军！

三、经验启示

Z 同学是习近平总书记给南开大学入伍八学子回信后参军入伍学子的一个代表，他的经历为开展新时代高校征兵工作提供了重要启示。

（一）"我是南开新百年的第一批本科生，是南开精神责无旁贷的传承者和接班人"——以南开精神铸魂，以红色文化育心，培育新时代的国防英才

南开大学具有光荣的爱国主义传统。100 多年来，南开走出了一条忠诚报国、担当奉献的奋斗之路。有名可考的南开英烈有 36 位，1949 年天津解放后的短短数月内，就有 320 多名南开学生参军参干，超过当时在校生的 40%。南开校史是每一个南开人的入学必修课，更是贯穿整个求学过程的日常教育。在开展校史教育的过程中，充分挖掘南开人携笔从戎保家卫国的红色文化，让每一位学子都能以先辈为榜样，将个人理想与国防事业紧密相连，在新时代的浪潮中肩负起强军报国的使命，成长为真正的国防英才。

（二）"我入学，他们退伍返校，八学子的演讲为我种下了种子"——以退伍学子为镜，以红色故事为种，激发南开学子的爱国热情

在南开的校园里，退伍学子宛如璀璨星辰，闪耀着独特的光芒。在部队的岁月中，他们亲身经历了那些可歌可泣的时刻，每一次挑战、每一次坚守都化为了一个个鲜活的红色故事。退伍学生活跃在各项实践中，在军训中担任教官、在征兵中担任宣传大使、在朋辈辅导中担任体能训练师……每一次与同学们接触，他们都用自己的行动彰显军人的形象。他们用自己的经历讲述着在艰苦训练中如何突破自我，在保家卫国的使命中如何诠释忠诚。这如熊熊烈火点燃南开学子参军报国的热情，激励他们沿着退伍学子的足迹，去续写新的爱国篇章。

（三）"我想带着学弟学妹回老部队，看看战友、看看老阿妈"——以国防实践为桥，以红色足迹为引，深化南开学子的国防意识

推进国防育人实践"走下课堂，走出校园，走向基地，走进军营"，让同学们在面对面、零距离的实践中激发爱国报国情怀。学校在课堂外陆续推出强国强军、八一缅怀、南开英烈、学子报国、老兵情怀等多个系列微信推送，持续开办线下沙龙、主题观影、军营一日体验、线上征文等系列活动。在校园外持续实施"国防实践育人好项目"资助计划，引领扬正气的国防实践活动。近年来，学校先后组织师生同行寻访红山嘴边防连，重回则里拉边防哨所，瞻仰南昌起义旧址，重上井冈山，凭吊东北抗联遗址，踏寻红军足迹，与偏远山区小学生开展升国旗、爱祖国互动交流，深入参军学子所在部队和家乡深入调研，激发同学们励志成才、爱国报国的信念和热情。

（四）"我现在不再迷茫，原来可以选择的路有这么多"——以政策支持为盾，以红色信仰为灯，坚定南开学子的从军之路

让为祖国奉献青春的学生没有后顾之忧，是征兵工作的激励保障之一。学校建立领导小组指导运筹、职能部门专司其职、各个学院协力推进的征兵工作三级组织领导体系，出台专项文件支持毕业生到部队和基层建功立业，并在学生关注的推免考研、就业创业等方面给予政策引导；设立"征兵入伍奖学金"，每年隆重举办新兵入伍欢送仪式和退役复学老兵先进事迹宣讲报告会，颁发参军光荣入伍纪念章和强军报国退役纪念章，营造参军光荣、报国有为的浓厚氛围。校领导看望慰问入伍学生，能够鼓励他们在实现强军梦、中国梦的复兴大业中艰苦奋斗，大显身手。有高度有温度的工作才能使征兵报名率、体检率、合格率、送兵率持续提升。

四、深入思考

（一）爱国之路千万条，而参军入伍是最勇敢的报国

"报国之路有千万条，当兵，无疑是最勇敢的报国！你选择从军报国，就必须随时做好流血牺牲的准备！"这是阿斯哈尔·努尔太最常为同学们分享的感悟。从参军入伍到直招军官，他真正将从军报国作为了职业规划与人生选择，这样的榜样引领着后来的一批批南开人。南

开人应牢记嘱托勉励，勇担职责使命，不断书写征兵育人新篇章。

（二）国防育人传灯播火，必须用爱国主义激情点燃灵魂

动员学生参军入伍并非教育的目的。要想感染学生，激发学生情怀，必须要有高度、有深度、有温度、接地气。点燃灵魂，靠温水不行，必须要有岩浆一样的温度。把军史、党史、国史、校史教育融入国防育人工作，才能讲清、讲深、讲透中国共产党带领亿万人民浴血奋战走过的救国、富国、强国的伟大道路，让同学们以综合国家安全观和发展的角度、全局的高度观察和思考国际战略格局与中国安全形势的新变化、新特点、新挑战，深刻体会从来没有什么岁月静好，那是因为有人民军队在守护安宁。

（三）爱国报国不仅是情感表达，更重要的是行动实践

爱国主义是国防教育的灵魂，必须理直气壮地讲，大张旗鼓地讲，和风细雨地讲，用心动情地讲，才能以激情鼓舞激情，以心灵唤醒心灵，使其铭于心，融于魂，践于行。推进"四走"国防育人实践，通过多种形式的共建共享，把国防育人成效拓展到共建交流的部队、基地、社区、社团和志愿者当中，不断凝聚和扩大国防育人的综合效应。打造系列化常态化规范化的师生共建、师生共勉的国防育人行动计划，以学生为主体设计、维护、运作、推进，指导老师把关、定向、引导、激励，师生协作，师生同行，相濡以沫，相得益彰，方能取得春风化雨、润物无声的成效。

（阿依古丽，南开大学统计与数据科学学院；
张宏思，南开大学人民武装部、军事教研室）

学习贯彻习近平文化思想　讲好南开人爱国奋斗故事

——档案馆开展有组织特色档案编研工作

引　言

南开大学历经百年发展历程，学科门类齐全，文化底蕴深厚，档案资源丰富，具有光荣的爱国主义教育传统。学校高度重视档案工作，根据国家和天津市有关法律法规，认真履行党管档案工作责任。目前，党委统一领导、校长主管、分管校领导协助，职能部门和二级归档单位各负其责的档案管理责任制体系日益夯实，校院两级档案工作机制不断完善。

五年来，南开大学档案馆在学校党委的领导下，学习贯彻习近平总书记来校视察重要讲话精神和关于档案工作重要批示指示精神，认真履行"为党管档、为国守史、为民服务"的职责使命，紧紧围绕学校中心工作落实"四个好""两个服务"，着力解决全校档案工作新问题，探索服务学校发展新思路，努力推出南开特色新成果，服务学校事业发展大局。在不断完善管理制度、推进档案资源建设、系统开展档案编研、发挥档案育人功能等方面，特色鲜明，成效显著。

一、背景情况

南开的档案，是南开历史的记录。将这些记录学校发展历史的文献资料收藏好、展示好，以实现其在新时期传承优秀历史文化、以档案资政、以校史育人的最大功用，是学校档案工作的中心与重心。2023

年底，南开大学档案馆由于在档案资源建设、档案文献利用与档案文化宣传方面作出的突出成绩，被天津市档案局与人力资源社会保障局授予"天津市档案工作先进单位"，成为天津市高教系统两所获奖单位之一。

二、主要做法

（一）坚持守正创新，持续加强管理制度建设

南开大学一直非常重视档案工作，按照教育部要求建立了完整的档案管理责任制体系，实行学校、归档单位二级管理机制和部门立卷制度。学校档案馆自 1988 年成立以来，一直作为职能部门，持续依据最新法律规章，完善馆内管理制度，修订学校管理办法，努力实现依法管档。目前，档案馆作为学校正处级直属单位，现有专职档案工作人员 11 名，形成了一支专业结构合理、管理经验丰富、业务能力精湛的专职档案管理人员队伍，承担全校档案工作管理责任，保证全校档案工作网络正常运行。

档案馆按照学校工作部署，自 2023 年 6 月启动了新一轮的制度修订工作。经过馆内充分研究讨论、征求相关单位意见、分管校领导审阅、校长办公会审议等程序，《南开大学档案管理办法》于 2024 年 4 月初发布施行。该办法明确学校、职能部门、归档单位职责，规范工作程序和时间要求，增加档案信息化章节，提出电子档案管理要求，为全校档案工作提供了制度保障，也是高校贯彻落实新档案法及其实施条例的新探索和新尝试。

在做好学校档案管理工作的同时，档案馆还先后参与了市档案局、市教委举办的专题调研活动，以参加学会组织，承办座谈会、培训会，参与走访调研，申报调研课题等方式，为天津市档案管理制度建设、天津市高校档案管理工作建言献策，贡献南开力量。

（二）立足百年发展，建设南开特色档案资源

多年来，档案馆一直致力于南开特色档案资源建设，坚持"点、

线、面"相结合的原则，在档案收集指导、专项档案征集、专题档案库建设等方面，都取得突出成效。

"面"，即全校各项工作形成的有价值的材料全面归档。档案馆根据学校文件主动对接相关部门，及时调整归档范围，确保重要档案资料应归尽归，及时移交进馆；坚持"线上线下相结合、集中分散相结合"的原则，依托综合档案管理系统开展业务指导，努力完成全校档案收集任务，征集特色档案，确保学校档案资源齐全完整。

"线"，即沿着学校历史发展的主线、脉络进行档案资源建设，有重点地开展专项档案征集，补充档案资料，避免学校某个阶段的历史记录形成断层，为校情、校史研究服务。例如 2023 年，档案馆依托学校纪念八里台校区启用 100 周年系列活动，征集到陈省身先生珍藏的周总理照片、南开大学民国时期颁发的聘书和开具的"路条"、欢送抗美援朝学生合影、1979 年纪念徽章、张伯苓"爱国三问"画像、1500余张电子版校园老照片、学校发展资料光盘 200 余张等一批重要档案进馆，进一步丰富了馆藏档案资源。

"点"，即在前两项工作做好的基础上，抓住学校发展中的重要阶段、重大事件、重要人物三个方向开展资料收集和档案整理工作，形成张伯苓、周恩来、杨石先、陈省身，南开大学早期规章制度、早期校园文化，校园发展与历史变迁等一系列特色档案资源。

（三）系统整理馆藏档案，建设专题档案数据库

档案馆发掘馆藏档案资源，积极推进档案数字化工作，旨在加强历史资料原件保护，提高档案利用效率，更好服务师生校友和学校事业发展。2021 年底，依托信息化建设项目，档案馆完成了民国时期馆藏档案的数字化扫描、系统挂接和权限设置等一系列工作，为后续档案保管利用，特别是档案编研工作奠定了坚实基础。2024 年上半年，档案馆完成了 1999 年建校 80 周年校史展览的展板整理及数字化扫描工作，形成了专题校史档案，可为校史研究提供重要参考资料。

2024 年 5 月中旬，为纪念周总理视察南开大学 65 周年，档案馆配合学校党委宣传部完成了相关馆藏影像档案的数字化工作，形成了重要校史资料，在南开大学纪念周总理第三次回母校视察 65 周年座谈会上正式发布，引发师生广泛关注，受到多方好评。

（四）聚焦南开文化，服务学校中心工作大局

立德树人是高校的根本任务，爱国主义教育是南开的魂。档案馆利用馆藏档案资源，深入挖掘档案文化底蕴，依托重大活动或重要事件节点，参与学校重大活动，举办专题展览，让档案走出库房，鲜活地展现在师生校友和社会各界人士面前，弘扬南开优良办学传统，宣传南开爱国奋斗精神，服务学校工作大局。

2019 年初，南开大学举办"允公允能，爱国奋斗"百年校史主题展览，采用馆藏照片和资料图片共计 57 张。习近平总书记来校视察时，仔细观看了这些历史图片和档案馆提供的珍贵馆藏档案，对南开爱国主义传统给予了充分肯定。五年多来，越来越多的师生通过该展览了解百年校史和南开精神，充分发挥了馆藏档案的育人功能。同时，这也是档案工作服务学校重大活动，服务思想文化宣传工作，发挥馆藏档案守史资政育人的重要体现。

百年校庆期间，档案馆举办"百年南开校园与历史文化的变迁"专题展览，图文并茂地讲述南开校园建筑故事，展现南开特色校园文化，纪念南开大学建校 100 周年。该展览被列入南开大学百年校庆系列活动，天津北方网、天津电视台等多家新闻媒体予以关注和报道。

2020 年，档案馆建设专题档案文化长廊，展示珍贵馆藏档案，开展档案宣传工作。该展览以南开大学发展与建设为主线，利用档案馆一至三楼楼梯和长廊两侧建设文化墙，以 62 张历史照片和历史文献图片，向来馆师生展示南开从孕育到南开大学成立，至 1978 年改革开放，南开大学近 60 年事业发展的重要节点，呈现南开先贤爱国报国历程，发挥馆藏档案育人功能。

2023 年，档案馆推出了《档案中的青春诗境南开园（1919—1937）》专题展览，以历史诗歌与历史图片相映照的形式，展现南开园的百年风貌和历史文化，展示老一辈南开人的理想信念、爱国情怀和壮丽青春，纪念八里台校区启用 100 周年。该展览被纳入当年新生入学教育内容，也是南开送给 2023 届学生的毕业礼，成为档案馆长期开展档案宣传工作，主动服务学校立德树人根本任务的载体和平台。

　　档案馆始终坚持将档案业务与支部党建相结合，充分发挥馆藏档案资料和档案编研成果的育人功能。支部组织委员张兰普先后以《张伯苓校长与南开精神》《南开大学馆藏档案：张伯苓爱国三问的原始文本解读》为题，在档案馆党支部讲述张伯苓教育思想和办学历程，系统阐释了老一辈南开人的爱国奋斗精神，激发当代南开人爱国奉献、干事创业的担当和勇气。这两次支部活动均受到学校党委表彰，分别荣获南开大学 2022—2023 年度和 2023—2024 年度优秀"微党课"称号。

档案馆支部荣获南开大学 2022—2023 年度优秀"微党课"称号

　　2024 年 5 月初，档案馆联合新闻与传播学院联合开展以"穿越百年档案，传播南开故事"为主题的党支部共建活动，以讲党课和赠书籍的方式，培育学生档案意识，弘扬南开档案文化，赓续南开"公能"精神。本次活动被《天津组织生活》的组织生活案例栏目刊发报道，受到学校党委表彰，并荣获南开大学 2023—2024 年度创最佳党日活动二等奖第一名。

《天津组织生活》刊发南开大学档案馆和新闻与传播学院联合开展的
支部党日活动

（五）弘扬南开传统，组织开展特色档案编研

南开大学对档案编研工作长抓不懈，围绕南开校史研究、文化宣传与校园文化建设，形成了具有南开特色的档案编研体系。截至 2018 年底，档案馆编辑出版了《档案工作文件选编》《张伯苓私档全宗》《张伯苓全集》《〈大公报·经济周刊〉南开学者经济学文选》等 19 部 25 册书籍，共计 1000 多万字。自 2019 年以来，学校档案馆站在新高度，以发掘南开大学早期校园文化、弘扬南开爱国传统为目标，先后编辑出版了《张伯苓教育佚文全编》《铅字流芳大先生—近代报刊中的张伯苓》《南开大学早期校园诗歌集（1919—1937）》等 4 部书籍，共计 200 多万字。

《铅字留芳大先生——报刊中的张伯苓》一书出版后，有 20 余家媒体对其进行了报道。2021 年 9 月，南开大学与张伯苓研究会共同将其作为文化交流礼物，赠送给张伯苓当年留学的美国哥伦比亚大学，南开的档案编研成果走出了国门。2023 年 4 月，该书作为编研典型案例，获得天津市高校档案工作优秀案例一等奖，同年 12 月，又获得天津市新闻出版局颁发的天津市文献类优秀图书奖，为天津地方文化建设增添了一抹亮色。

南开大学档案编研成果受到天津市教委和天津市新闻出版局表彰

2023 年 6 月，《南开大学校园早期校园诗歌集（1919—1937）》出版，该书是民国时期中国大学的第一部校园诗歌集，收录诗歌作品 920 余首，反映了南开大学早期校园文化与中国五四新文化运动的互动，也展现了南开师生心系民族、爱国救世的理想信念。考虑到该书的历史文化和艺术欣赏价值，档案馆还将其赠送给图书馆、新闻与传播学院学生支部，让师生了解南开大学建校早期的校园文化，进一步发挥档案编研成果的育人功能。

2024 年 5 月，《公能初心——近代报刊中的南开精神》一书在学校党委宣传部大力资助下出版发行。该书以南开学校发展历史为轴线，从校办刊物和民国时期主流报纸中选取自南开孕育时期至 1949 年论述南开精神的历史文献 84 篇，辑录成书。通过阅读当年南开先贤与社会贤达自南开发端时期对南开精神多侧面的感悟、理解、记录和论述，读者可系统地了解其形成历史和发展过程，充分认识南开的校训、校歌和校史，对这些载体所蕴含的南开精神有更加深刻的理解和感悟。

三、经验启示

南开大学的历史文化不仅是南开的，也是天津的、全国的。将南开的优秀文化主动推向社会，弘扬南开精神，服务天津地方文化建设，也是南开大学档案工作的一个重要努力方向。

自 2023 年 9 月起，档案馆以前期编研工作为基础，开展了系列文化宣讲工作，积极服务地方文化建设。档案馆配合天津电视台拍摄新闻报道，介绍近期进馆的珍贵档案，展示档案整理和保管情况，宣传档案工作成效，弘扬南开"公能"精神；在全国性学术研讨会上，以《五四新文化运动与南开大学早期校园文化的互动》为题，作大会主题报告，介绍南开早期发展历程和天津近代历史文化；在天津电台播讲了《文献里的天津——南开大学早期校园诗歌及其作者》，纪念南开大学八里台启用 100 周年，为地方文化建设贡献力量。

2023 年 11 月初，天津市高校档案工作培训会在南开大学海冰楼召开，全市 110 多名高校档案工作人员，聆听专家报告，开展业务交流。会后，与会人员分别参观了"爱国奋斗　公能日新"主题展览和百年校史展览。其间，档案馆安排南开大学校史研究专家和学生志愿者为大家讲解海冰楼和二主楼的两个校史展览，宣传南开历史文化，展示南开学子风采，扩大学校社会影响。

2024 年 6 月，学校档案馆完成的《南开与天津》一文被津云全文转发，其是学校特色档案编研工作的一项重要成果。该文章系统梳理了南开大学与天津的历史渊源，回顾了南开大学建校早期对于天津社会、经济、文化以及体育发展的重要贡献，是高校档案工作主动服务地方文化建设的一次重要尝试。

2024 年 8 月，学校档案馆配合奥运会的召开，在天津电视台《都市报道 60 分》栏目讲述"奥运三问"的由来，展示天津与奥运会的渊源。档案馆还通过馆藏档案，讲述南开、天津早期体育活动及其与奥运会的关系，在中央电视台国际频道《鲁健访谈》节目中播出。

档案馆承办天津市高校档案工作培训会，安排市教委高校档案工作负责人及各高校参会代表参观二主楼主题展览

总之，天津的一方热土孕育了南开，南开人的自强不息、踔厉奋发成就了南开的精神文化，成为天津文化的重要组成部分。新时代的南开档案人，将牢记习近平总书记嘱托，坚守南开爱国报国初心，勇担教育富国强国使命，将百年南开优秀传统文化挖掘好、宣传好、利用好，不断推动学校档案工作迈上新台阶，服务学校事业发展，服务天津地方文化建设！

（袁伟、张兰普，南开大学档案馆）

仪式教育沁润红色基因　薪火永继厚植爱国情怀

——南开大学滨海学院深耕毕业季红色文化育人沃土

引　言

2024年6月，南开大学滨海学院毕业生在红色文化的涵养中扬帆起航，满载着爱国报国强国之"公心"和服务经济社会发展之"能力"翻开了人生新篇章。在校党委的领导下，滨海学院深入学习贯彻习近平总书记视察南开重要讲话精神，锚定毕业前夕学生思想淬炼升华的关键阶段，以"培养什么人、怎样培养人、为谁培养人"为根本，以南开爱国主义传统为主线，以毕业季红色文化育人为特色，以系列仪式教育活动为主要载体，集全院力量为毕业生讲好"最后一堂思政课"。

一、背景情况

"南开大学具有光荣的爱国主义传统，这是南开的魂。"在习近平总书记视察南开大学 5 周年之际，重温习近平总书记视察南开时对师生的勉励，字字千钧指明前进方向，立意深远鼓舞振奋人心。南开大学作为一所诞生于"五四"爱国革命运动时期的学校，自创办之始就饱含着最浓烈的爱国情怀。"爱国"是南开传统中最核心、最突出、最鲜明的红色基因，是南开师生校友始终秉持且相互融通的共同价值追求，是南开人百余年来代代相继的精神血脉和传承坚守。一直以来，南开的爱国主义教育都被置于思想教育的核心地位，视为人才培养第一要义。南开大学滨海学院继承发扬南开爱国主义传统，依托南开红色教育资源，把握毕业生思想成长关键节点，全方位构建毕业季红色文化育人阵地，教育引领南开滨海学子接力民族复兴大任，肩负起新时代南开青年的使命担当。

二、主要做法

（一）筹划部署——统一思想提高认识，红色文化贯穿始终

1. 凝聚集体智慧谋篇布局

在毕业生即将步入社会、服务社会、奉献社会之际，滨海学院领导班子以集体智慧筹划满载红色文化的毕业季。学院充分发挥"组织体系"和"关键少数"作用，在总结历年毕业季工作经验的基础上，认真研究并达成高度共识，将继承发扬南开爱国主义传统，深入学习贯彻杨庆山书记、陈雨露校长署名文章《在弘扬教育家精神中践行南开使命担当》《加强新时代爱国主义教育　为推进中国式现代化凝聚力量》和《为中国式现代化贡献南开力量》的主旨内涵作为思想纲领和行动指南，把握毕业生成长发展的重要时刻，深度结合南开红色文化富矿资源，凸显仪式教育特色，全力构筑毕业季红色文化铸魂育人新高地。

2. 瞄准实际效果周密部署

为了强化毕业季红色文化育人质效，学院通过多年打磨，已建立"两会议、两推演"的协调部署模式，形成了研判推演、查找问题、协调解决，再研判推演、再查找问题、再协调解决的工作闭环。学院通过协调会、部署会明确要求，将红色文化主旋律贯穿于仪式教育、典礼育人全过程，为学生呈现期待的毕业季。各单位对照实施方案、工作预案和任务分解表所有环节，逐条逐项进行两次桌面推演，发现问题后及时沟通并现场研究予以协调解决，最大限度避免因工作准备和工作协调导致的问题出现。

3. 集合全院力量精心准备

一分部署，九分落实，用实际行动为学生打造一个终身受益的毕业季，已经成为学院师生的共同目标。全院上下同心协力按照分工要求，从着装到会场布置，从电力保障到活动安排，从校园氛围到新闻宣传，事事处处体现人文关怀，细致入微落实各项任务。为了以最佳状态、最佳方式为毕业生展现最佳效果，每年毕业典礼前，院领导都要组织各单位进行现场预演，发现新问题、新变化第一时间做出调整，为典礼的顺利进行做足充分准备。

（二）见行见效——爱国三问铸魂育人，红色传统代代相继

1. 以爱国三问为统领，充分发挥仪式教育价值认同作用

"你是中国人吗？你爱中国吗？你愿意中国好吗？"在滨海学院毕业典礼暨学位授予仪式上，"爱国三问"以满载爱国主义的宏大力量，深深镌刻在每一名毕业生的灵魂之中。伴随着国歌声，"我是中国人！我爱中国！我愿意中国好！"三句铿锵有力的回答成为所有毕业生发自内心的共鸣。"爱国三问"，每年毕业季最令师生心潮澎湃的南开声音，以强大的凝聚力和感召力，引领着一代代南开滨海学子永远牢记并践行习近平总书记对广大青年的殷殷期望；激励着一代代南开滨海学子把实现人生价值与伟大事业紧密结合，与新时代同向同行、共同前进；嘱托着一代代南开滨海学子在人生的道路上始终坚守南开品格，永葆

爱国志向。

2. 以言传身教为导向，充分发挥仪式教育路径引领作用

毕业典礼上，学院院长在致辞中以传承南开爱国精神、深怀南开报国信念、追逐南开强国梦想为主旨，勉励毕业生要永远牢记并践行"允公允能、日新月异"的南开校训精神，投身中华民族伟大复兴事业，成长为凝聚中国青年奋进新时代的南开力量。拨穗仪式上，领导或导师为毕业生拨穗正冠，象征为同学们拨开人生新篇章，鼓励同学们初心如磐，砥砺深耕，奋楫笃行，逐梦山海。

3. 以优秀朋辈为榜样，充分发挥仪式教育行为规范作用

习近平总书记给南开大学新入伍大学生的回信，始终激励着从军报国的南开滨海学子"在军队这个大舞台上施展才华，在军营这个大熔炉里淬炼成钢"。入伍大学生光荣退伍返校后，学院注重发挥这支"红色队伍"在仪式教育中的优秀朋辈引领鼓舞和先锋示范作用。在毕业季的升旗仪式上，退伍学生国旗护卫队高擎国旗受阅，在"爱国、敬业、创新、乐群"的南开传统照耀下熠熠生辉，引领着毕业生不忘初心、牢记使命，把小我融入大我，为中华民族伟大复兴作出青年一代应有的历史贡献。

4. 以毕业宣誓为驱动，充分发挥仪式教育使命传承作用

毕业宣誓仪式是学生在即将步入社会之际，自我教育、共建信心、相互激励的重要环节，是毕业生精神风貌的集中展示，更是学生对责任与使命的统一认知。在庄重的毕业宣誓仪式现场，数千名毕业生共同高呼誓言："南开精神，公能日新；笃行实干，不负时代……"句句誓词表达出毕业生对南开精神的传承与发扬，对未来道路的坚定与自信，对南开培养的感恩与眷恋。

5. 以师生座谈为平台，充分发挥仪式教育人生激励作用

学院将毕业生座谈会视为一堂面对面交流的宝贵思政课。为了让毕业生更加深入理解"把个人的理想追求融入党和国家事业之中"的深刻内涵，学院党委书记在座谈会上与毕业生代表围绕青年与国家发

展、报效祖国、造福家乡等话题进行深入交流，激励同学们在各自的岗位上努力成为"公能"兼备的新时代南开青年，在波澜壮阔的爱国奋斗中谱写青春华章。

6. 以临行送别为纽带，充分发挥仪式教育情感升华作用

学院注重用仪式教育拉近与学生的距离。学院毕业典礼在全场师生齐唱南开校歌中圆满礼成后，领导和导师没有先行退场，而是统一站立在主席台上，伴随着悠扬的音乐声，向同学们挥手道别，目送全体毕业生离场，身体力行为毕业生举办了一场送别仪式，用真诚打动学子的心灵。毕业生们满载着南开的祝福和内心的感动，奔赴祖国最需要的地方。

毕业典礼

（三）氛围营造——春风化雨润物无声，红色印记铭刻心间

1. 营造典礼仪式氛围，点燃学生红色激情

为体现毕业典礼的仪式感，体院馆将彰显着南开爱国主义传统的

横幅高悬其中。两侧横幅为"允公允能，日新月异""爱国、敬业、创新、乐群""踔厉奋发笃行不怠，知中国服务中国""牢记嘱托砥砺前行，南开情一生相伴"，会场最大长度的背标书写着"小我融入大我奋进时代征程，公能筑梦谱写报国华章"。横幅以青莲紫底色辉映着浓浓的南开气质，字字句句激荡着学子立志报国的青春宣言。

2. 营造校园景观氛围，留存学生红色记忆

学院坚持以服务学生为导向，积极听取毕业生反馈意见和建议，不断改进创新方式方法，努力打造更加吸引青年学子的红色文化毕业季。"校园打卡"作为毕业生们最喜闻乐见的一种留念形式，在毕业季的滨海校园中可谓"三步一景、五步一画"，收获了无数个心中的"赞"。百辰路上"我是爱南开的"主题背景墙、伯苓广场中立于国旗下的校训碑、南星湖畔身着学士服的同框留影人偶、网球场边优秀毕业生图片展板、学生活动中心内校园景观印章收集处以及学生食堂里满含祝福寓意的"前程似锦""大展宏图""振翅高飞"横幅、免费毕业套餐和橱窗外挂着的那句"食堂阿姨喊你回来吃饭"温馨标语……都成了备受毕业生喜爱的"打卡胜地"，成为属于南开滨海学子的"独家记忆"，同时也使南开滨海学子在今后的日子里常常提醒自己胸怀南开报国志，勿忘滨海师友情。

3. 营造人文艺术氛围，深化学生红色情感

毕业季期间，学院为毕业生准备了内涵丰富的红色文化艺术活动。为教育引导南开滨海学子继承老一辈革命家艰苦奋斗精神，成为奋进新时代的先锋力量，学院组织毕业生以红军长征为题材排演红色话剧《丰碑》，参加我国规格最高、规模最大、影响力最广的大学生红色艺术盛会——全国第七届大学生文艺展演并获得银奖。此外，学院还组织师生集中观看思政课教师题材电影故事片《我要当老师》，持续营造"全党全社会努力办好思政课、教师认真讲好思政课、学生积极学好思政课"的良好氛围。

三、经验启示

（一）充分发挥仪式教育作用，提升校园红色文化育人水平

仪式教育作为弘扬红色文化的优质载体，具有成风化人的重要作用。"成风化人"是习近平总书记对新形势下党的新闻舆论工作提出的指示要求，具有深刻的思想内涵，对新时代大学思想教育具有路径引领、方法指导和目标确立的重要意义。通过仪式教育以红色精神力量成风化人，关键在"成"，基础在"风"，路径在"化"，根本在"人"。"成"的关键在于高度的政治自觉、统一的思想认识、充足的前期准备和周密的部署安排；"风"的基础在于具有深厚的红色文化积淀和共同的价值观念；"化"的路径在于精准选择教育意义最为深刻、未来影响最为深远的人生重要节点，以正确导向引领、鼓舞、激励青年学子，厚植家国情怀，涵养红色品格；"人"的根本在于牢牢把握教育改革发展的"九个坚持"，以立德为先导，为党和国家培养所需之人才。

（二）着力深化点线联动机制，完善校园红色文化育人体系

红色文化育人作为一项系统性工程，应采取一体推进式的精细化联动培养模式，不断完善育人体系建设，优化仪式教育运行机制，推进庆典活动与日常教育联动共通，仪式教育与思政课程同向同行，红色文化与"三全育人"深度融合，积极构建重要仪式活动、日常校园生活、课堂现场教学"三位一体"协同育人的新时代"大思政课"格局。

（三）持续创新教育引导形式，强化校园红色文化育人效果

持续积累总结毕业季红色文化育人经验，紧跟新时代深化教育综合改革步伐，以更加贴近青年学子视角，不断创新红色文化育人形式。牢牢把握网络空间话语权和主动权，发挥微信、抖音公众号和校园网平台等新媒体技术优势，与线下仪式教育相互结合、相互呼应、相互

促进，以丰富生动的红色文化活动陪伴学生成长，在潜移默化中引领思想，凝聚共识，最终通过学生的四年校园生活形成具有南开印记的爱国主义思想。

四、重要意义

（一）牢记嘱托勇担使命，红色基因永续传承

习近平总书记在视察南开大学时，对南开爱国主义传统、爱国奉献精神给予了充分肯定。时刻牢记习近平总书记的殷切嘱托，继承发扬南开爱国主义传统，深耕南开红色教育资源沃土，将爱国的种子根植于每一名南开学子心中，让南开红色基因永续传承，既是中国高等教育战略发展赋予南开的神圣职责，更是中华民族伟大复兴进程中南开自觉主动肩负的历史使命。

（二）仪式教育立德树人，红色养分润泽心田

大学的仪式教育通过特定秩序、形式和氛围，将抽象的价值观转化为具象的情景，可使学生在身临其境中坚定文化自信、价值认同和政治信仰，是传递核心价值观的"超导体"。习近平总书记指出："要建立和规范一些礼仪制度，组织开展形式多样的纪念庆典活动，传播主流价值，增强人们的认同感和归属感。"因此，充分发挥大学仪式教育作用，凝聚政治认同，聚焦价值塑造，赋能文化传承，是培养德智体美劳全面发展的社会主义建设者和接班人的有效途径。

（三）树立正确价值导向，红色血脉蓬勃激昂

毕业季是莘莘学子步入社会奔赴人生新征程之前在母校的最后时光，也是完成大学教育思想塑形闭环的关键阶段。学生从个人情感的角度，充满了对母校的留恋之情，对老师的感恩之心，对同窗的惜别之意；从人格发育的角度，是对南开品格、南开精神、南开传统的再一次理解与实践，是凝练升华人生价值导向的校园时代收官之作；从

成长发展角度，不仅是对大学四年的回顾和总结，更是对未来人生的激励与期许。因此，抓住毕业季育人契机，在南开爱国传统的引领下，全方位打造红色文化毕业季氛围，对于毕业生传承爱国精神，坚定报国信念，砥砺强国志向，具有深刻的教育意义和深远的积极影响。

（王玮，南开大学滨海学院）

以信仰之光照亮未来之路　用红色资源讲好中国故事

——立足中国式现代化乡村工作站的"红色+"育人模式探索

引　言

"在天津市蓟州区龙门山脚下，有一棵种植于北魏年间、树龄超过1600年的古槐。抗日战争时期，由名将包森率领的八路军十三团曾驻扎于此，并将枪支弹药藏于树洞。凶残的侵略者数次放火烧村，甚至在古槐下堆柴点火，而古槐却奇迹般存活下来，掩护了重要的战斗物资，因此得名'神槐'。新中国成立后，神槐原本烧焦的枝干重又焕发勃勃生机……"这是红色京歌MV《神槐颂》开篇的讲述，镜头拉远，只见南开大学的大学生们、蓟州区的小学生们沿着溪边小路阔步而来，他们将通过神槐的故事踏寻红色足迹，重温峥嵘岁月！

一、背景情况

为贯彻落实党的二十大战略部署，服务中国式现代化建设，南开大学秉承"知中国，服务中国"的办学宗旨，发挥综合性研究型大学的优势，自 2023 年 5 月起，在全国布局建设一批中国式现代化乡村工作站（以下简称乡村工作站）。乡村工作站立足"知中国"，做好乡村振兴智库研究；"服务中国"，发挥学科专长解决乡村发展难题；创新育人路径，扎根中国大地办教育。为乡村振兴提供"南开方案"。

南开大学国际教育学院和汉语言文化学院落实工作部署，于 2023 年 10 月与蓟州区穿芳峪镇签署中国式现代化乡村工作站的共建协议。乡村工作站所在的东水厂村，是抗战期间的"堡垒村"，八路军冀东军区副司令员包森曾在这里疗伤，冀东军分区和党分委曾多次在此召开会议，村民和党政军领导干部在此结下了深厚的革命友谊，为冀东抗战取得胜利作出了重要的贡献。东水厂村有着丰富的红色文化资源，包括"八路军十三团临时指挥部旧址""千年古槐""堡垒村丰碑""劳工教育园""廉政步道"等，于 2024 年 2 月被列入天津市第一批红色资源名录。

自乡村工作站建设以来，双方单位均高度重视，多次进行互访交流，并围绕党的建设、红色文旅开发、乡村教育振兴、国情教育与实践教学等方面开展共建。"开设暑期课程夏令营""成立实践教学基地""拍摄红色文旅宣传视频"……一个个"南开方案"在穿芳峪落地生根，为乡村振兴赋能添彩。依托丰富的红色资源，学院还探索建立了"红色+"育人模式，以信仰之光照亮南开学子未来之路，用红色资源讲好中国故事。

二、主要做法

（一）"红色+文旅"——加强红色资源活化利用，助力乡村文化振兴

蓟州区拥有大量珍贵的红色资源，这是中国共产党辉煌奋斗历程

的见证，其不仅记录着历史，更凝结着革命精神、崇高信仰和红色基因，是宝贵的精神财富。目前，当地的旅游业态虽实现了从"农家院"到"民宿"的变化，但还未真正实现转型升级，红色资源的优势也未得到充分发挥。为将红色资源用好用活，学院依托乡村工作站率先以东水厂村为试点打造红色旅游目的地，将"千年神槐""八路军十三团指挥部旧址""堡垒村丰碑""劳工教育园""廉政步道"等作为现场红培教学点，形成具有多点支撑的"红色+"复合型旅游线路，推动红培研学实现破题发展。同时，乡村工作站还组织专门翻译团队和设计团队，为各景点录制英文介绍，设计开发红色资源文创产品，以满足更多群众需求，帮助穿芳峪镇实现文化旅游工作提质增效。

为了让红色基因活力迸发，让红培研学更加生动可感，由学院牵头建设的南开大学京剧传承基地耗时近一年时间创作了红色京歌 MV《神槐颂》，以抗日名将包森的战斗历程为主线，充分发挥戏曲音乐强大的抒情功能，通过蒙太奇手法的非线性叙事实现时空交融，营造出可视、可听、可感的艺术效果。目前，这部 MV 作品已在"学习强国"等平台上线，并赠送给蓟州区文旅局，学院希望以优秀的文艺作品启发鼓舞各年龄层次受众，在开展爱国主义教育、促进文旅融合方面发挥重要作用。

（二）"红色+党建"——推动红色文化融入党建，厚植爱国主义情怀

国际教育学院和汉语言文化学院党委依托穿芳峪镇乡村工作站，开拓"红色+党建"路径，开展红色教育实践，丰富基层组织建设的形式和内容。专职组织员导航站带领师生党员前往东水厂村，开展"助力乡村振兴，踏寻红色足迹"活动，与村党支部深入交流，走访红色遗址，听村里老党员讲述抗日烈士的英雄事迹，感悟革命精神；走访中华劳工血泪史警示教育园，引导师生铭记历史、勇毅前行；党委书记带领师生纪检委员前往当地的廉政步道，开展党风廉政建设和廉洁教育；音乐专题思政课在乡村工作站开讲，带领师生鉴赏南开大学学生合唱团在世界合唱比赛中荣获金奖的《盛世梨园情》《霸王别姬》

京剧MV《神槐颂》

地方平台发布内容

2024-08-28

"学习强国"上发布《神槐颂》

《花木兰》等表演民谣合唱作品，介绍了合唱表演如何通过京剧元素、民族乐器、经典故事，在国际舞台上展示了中华优秀传统文化的独特魅力，让世界听到了中国之声与南开之声。"红色+党建"的教育实践活动，通过对历史的追忆和对未来的展望，缅怀革命先烈、赓续红色基因、凝聚奋进力量，增强了学生的社会责任感和历史使命感，厚植了学生的爱国主义情怀。

学生们踏寻红色足迹

（三）"红色+实践"——培育红色实践育人路径，激发学生立志成才

学院深入挖掘乡村工作站的红色资源和国情教育资源，将乡村工作站建设为中外学生实践教学基地，扩展校内外实践渠道，面向中外学生开展爱国主义教育和国情教育，以师生"同学、同研、同讲、同行"，引导学生将课堂所学与课外实践相结合，实现国情教育和实践教学的深度融合。

1. 坚持"脚踏实地"做科研

刘佳、温宝莹等多位教师带领实践队前往乡村工作站开展语言实践调查，在祖国大地上汲取养分，发挥专业优势助力中华语言和文化的研究、保护与传承、推广；"师生四同"将论文、课题写在祖国大地上，白宏钟老师带队开展中国国情教育资源调查，整理中国国情教育的教学资源，形成对留学生必修课程"中国概况"教材的有效补充。

2. 坚持"读懂中国"做实践

学院带领中外学生走近当代中国，理解新时代中国发展智慧，深度体验中华优秀传统文化，以"美美与共"培育大胸怀。2023 年 10 月，留学进修生实地调研了蓟州区生态文明保护工作，深入了解中国风土人情，理解中国人民"绿水青山就是金山"的理念；2024 年农历腊月二十三，60 余名留学生赴乡村工作站开展"遇见美好·走进芳峪"春节文化体验活动，感受浓浓的"年味儿"，与村民们共同写福字、剪窗花、扭秧歌，该活动吸引了中外 30 余家媒体报道，将蓟州乡村的中华优秀传统文化展现在世界面前；2024 年 5 月，百余名来自葡萄牙、俄罗斯等国的留学生也来到穿芳峪镇乡村工作站，开展"遇见美好·走进千年古城"的教学实践，感受中国传统建筑艺术的独特魅力，体验博大精深的中医药文化，感受华夏民族的生生不息。留学生们从国际化视角建言献策，助推当地文旅宣传国际推广，实现"乡土味儿"和"国际范儿"的交融与碰撞。

3. 坚持"乡村支教"铸梦想

2024 年 7 月，中外师生实践队来到乡村工作站所在的东水厂村开展"南牵山海"夏令营，此次夏令营特别设计了 21 世纪海上丝绸之路沿线国家的多元文化系列课程，南开中外青年通过丰富多彩的世界文化和科普知识，为孩子们打开了看向世界的窗，带领他们领略文化交流的魅力，用南开人的情怀守护中小学生们的纯真与梦想。实践队还走进蓟州一中，开展"青春正当时·青年这 young 讲"文化交流活动，与中学生们畅谈青春理想，夜话青春时代，许下有关"读书报国"的憧憬心愿。支教活动不仅为乡村教育注入新的活力，也为南开中外青年提供"知中国，服务中国"的宝贵平台。

三、经验启示

（一）深入践行习近平文化思想，推动红色文化的当代表达

习近平总书记强调中华优秀传统文化是中华民族的精神命脉，是中华民族的根和魂，要进行创新性转化和创造性发展。他在讲话中说："我们要善于把弘扬优秀传统文化和发展现实文化有机统一起来，紧密结合起来，在继承中发展，在发展中继承。"学院通过红色京剧 MV 创作、红色文创产品研发，深入挖掘红色故事，阐释好、讲述好红色文化，不断增强红色文化的吸引力、感染力；顺应文旅市场新趋势，帮助乡村大力开发参与性、体验性强的新业态新场景，推动红色文创、红色文艺演出等实现新突破。同时，通过对学生和村民的培训，加强红色讲解员、运营管理队伍建设，以先进的理念、严谨的态度、扎实的学养深入践行习近平文化思想，将红色文化的传承与文化自信培养紧密结合，通过创作红色主题的文艺作品，借助大众化的传播手段，让红色文化以更加艺术化的方式呈现，增强其感染力与影响力。此外，学院还通过开展中外学生社会实践活动，推动红色文化入心入脑，将红色文化保护利用与乡村振兴紧密结合，提高人民群众的幸福感与获得感。

（二）秉承"知中国，服务中国"理念，建立红色文化育人机制

红色文化是中华民族在艰苦奋斗和英勇抗争中逐渐形成的积极文化，是中国革命的文化符号，是中国特色社会主义文化谱系的重要组成部分。习近平总书记多次强调要把红色基因传承好，确保红色江山永不变色。高等教育的根本任务是立德树人，承担着培养社会主义建设者和可靠接班人的任务。国际教育学院和汉语言文化学院秉承学校"知中国，服务中国"的办学理念，依托中国式现代化乡村工作站，以"红色+文旅""红色+党建""红色+实践"为路径，建立红色文化育人机制。创新红色文化育人范式，挖掘当地红色文化资源，将凝聚革命历史和革命精神的载体通过京剧 MV 等传统文化形态表达出来；开展

红色文化促党建活动，丰富实践体验，以红色文化凝心铸魂；贯通"大中小学一体化"红色文化育人模式，促进红色文化育人贯穿青少年成长始终。

四、深入思考

（一）推动学校美育与文化传承创新，需在全校营造浓厚氛围

学院在蓟州区穿芳峪镇实施的"红色+"育人实践，积极促进了红色文化与传统艺术的深度融合，并探索以美育推进爱国主义教育，这是对学校美育工作和文化传承创新工作的新开掘，意义重大，难度也显而易见，如果要取得预期效果，应与全校各部门通力合作，在全校范围内形成越来越浓厚的传统艺术氛围、红色文化氛围。

（二）努力以乡村工作站推广建设为契机，推进"留学南开"品牌建设

全国文化传承发展座谈会强调，要提升国家文化软实力和中华文化影响力，加强国际传播能力建设，讲好中国故事，推动中华文化更好走向世界。习近平总书记在中共中央政治局第五次集体学习时指出，要完善教育对外开放战略策略，统筹做好"引进来"和"走出去"两篇大文章，有效利用世界一流教育资源和创新要素，使我国成为具有强大影响力的世界重要教育中心。要积极参与全球教育治理，大力推进"留学中国"品牌建设，讲好中国故事、传播中国经验、发出中国声音，增强我国教育的国际影响力和话语权。国际教育学院是南开大学来华留学生归口管理单位，统筹负责全校外国留学生的招生、管理，并承担留学生的国情教育、汉语和中国文化教学任务。学院应依托学校在全国范围建设的中国式现代化乡村工作站，进一步拓展留学生实践教学基地，带领留学生学习博大精深的中华优秀传统文化，感受中华文明的魅力。学院以学校乡村工作站的推广建设为契机，推进"留学南开"品牌建设，夯实留学生"国情教育"实效，推动中华文化更好走向世界。同时，学院可以自身国际化的优势，通过中外学生的现

地实践活动，利用先进的互联网平台向世界推介我国丰富的自然与文化遗产，努力用实际行动为践行全球文明倡议、推动构建人类命运共同体作出贡献。

（刘佳、袁芳，南开大学国际教育学院和汉语言文化学院）

用功"学"、用情"讲"、用智"创","05后"青年为文化传承发展注入新活力

——文学院聚焦"党建+诗教"打造文化育人新生态

引 言

党建引领凝聚青春力量，诗教赋能赓续中华文脉。文学院 2023 级本科生党支部伴随"05 后"大学生入学而成立，"05 后"青年思维活跃，热衷于发现和探索新事物，是最具活力的青年群体。如何引领"05 后"青年深入学习红色文化和中华优秀传统文化、自觉担负文化传承

发展的使命，是文学院 2023 级本科生党支部的工作重点。党支部贯彻落实习近平总书记在文化传承发展座谈会上重要讲话精神，聚焦"文化育人"一条主线，锚定"党建+诗教"两个基本点，探索"学习+宣讲+创新"三维培养模式，坚持"同学、同研、同讲、同行"的"师生四同"育人路径，充分发挥"05 后"青年的主体性作用，通过典籍研读、实践调研、文化宣讲、文创设计等形式大力传承发展红色文化与中华优秀传统文化，奋力书写为中国式现代化挺膺担当的青春篇章。

一、背景情况

文化兴则国运兴，文化强则民族强。习近平总书记在文化传承发展座谈会上强调，"在五千多年中华文明深厚基础上开辟和发展中国特色社会主义，把马克思主义基本原理同中国具体实际、同中华优秀传统文化相结合是必由之路。这是我们在探索中国特色社会主义道路中得出的规律性的认识，是我们取得成功的最大法宝"。讲话深刻阐明了"两个结合"的重要意义，马克思主义的中国化时代化贯穿党的发展历史，着力推动中华优秀传统文化的创造性转化和创新性发展，坚持用马克思主义基本原理激活中华优秀传统文化，将中华优秀传统文化融入中华民族伟大复兴战略全局之中，这为我们在新的起点上继续推动文化繁荣、建设文化强国和中华民族现代文明提供了行动指南。

一个时代有一个时代的文化使命任务。建设文化强国、铸就社会主义文化新辉煌，是新时代的文化使命。青年是国家的未来，民族的希望，是推动中国式现代化建设的生力军和突击队。"05 后"青年初入大学，正值世界观、人生观、价值观系统化形成的关键期，怀揣着对党的崇高敬意和对人生理想的不懈追求，不少同学刚满 18 周岁就主动递交了入党申请书，青年渴望在思想上、能力上不断提升自我，发挥专业所长投身强国伟业的建设中，这份赤忱的红色信仰和强烈的求知欲望是非常宝贵的。中华优秀传统文化是中华民族的根和魂，着力赓续中华文脉是文学院师生的必然使命，文学院在叶嘉莹先生的感召下，矢志传承中华诗教精神，依托"南开大学中国式现代化乡村工作站"建设，持续推进"诗教润乡土"行动方案。文学院 2023 级本科生党支部基于学生发展特点和学院育人特色，确立了支部的建设方向，充分调动 05 后青年的主观能动性和创造性，鼓励同学们从文化典籍中汲取知识、武装头脑，在知识积累中酝酿思路、躬身实践，在实践过程形成智慧、创新方案。

二、主要做法

（一）用功"学"——线上线下铺路架桥，课堂内外书声琅琅

立身以立学为先，立学以读书为本。大学生的主业是学习，党支部线上线下铺路架桥，形成浓厚的书香文化氛围。党支部成立党班团骨干理论读书班，聚焦思政引领和学风建设，带领学生骨干集中研读习近平文化思想的深刻内涵。入党积极分子齐珊、唐浩博等人整理理论学习心得，形成微视频作品《传承诗教精神，赓续中华文脉，谱写时代华章》，荣获南开大学 2024 年大学生讲思政课公开课展示大赛校级二等奖。党支部开设"典籍里的学风故事"线上推送专栏，鼓励学生阅读古籍资料，搜集整理文献中的学风故事，在原汁原味的典籍中深刻体会蕴含在中华民族文化中的优良学风传统，学习古代文人志士的求学经验和精神风骨。该专栏累计发布推送 22 期，内容包括古籍原文、古文今译、学子心声、名作欣赏等部分，同学们在撰写文案过程中，融入自身感受和专业特色，不局限于文学，还有绘画、书法等多种传统艺术的呈现。

党支部发起"字里千秋"学习小组，开设古文字科普专栏，小组成员对文字的演变历程、造字方法、字词含义及相关文献记载展开深入研究，充分体会中国汉字背后源远流长的历史脉络和文化魅力。党支部发起"寒假读书打卡"挑战赛，在一个月的线上共读活动中，累计 56 名同学参与挑战，80%同学接近全勤，总阅读书目超过 200 本。

挑战赛结束后，"云端"读书班持续运行并不断壮大，截至目前有 112 人自发加入，帮助同学们养成了每日开卷的读书习惯。除了线上共读，党支部还举行线下读书沙龙，书友们自主组织报名，分享阅读体会，碰撞知识灵感，截至目前已开展 3 场线下活动，15 名同学进行了读书分享展示。同学们的踊跃参与，进一步增添了校园的书香文化氛围，形成有输入、有输出的良好学风培养过程，为自觉担当文化传承使命、弘扬红色文化和中华优秀传统文化奠定了基础。

（二）用情"讲"——大中小学思政一体化，角色转换铸魂育人

用脚步丈量祖国大地，以行动回答时代之问。为深入学习贯彻习近平总书记关于青年工作的重要思想，带领广大南开学子上好与现实相结合的"大思政课"，在社会课堂中"受教育、长才干、作贡献"，党支部广泛动员 2023 级同学，号召同学们积极投身社会实践，以诗教精神进课堂的形式持续推动"诗教润乡土"中华诗词文化传承项目。2024 年 7 月，2023 级本科生中累计有 4 支队伍 30 余名同学赴全国各地中小学开展诗教宣讲活动。

在广西天等县海亮高级中学，实践队张彬、韦周娜等 11 名成员精心打造"诗词与家国""诗词与经典""诗词与传承""诗词与广西"系列课程资源，为 21 个班级的 1000 余名学生带来 110 余堂的诗词课，成员们将南开大学与周恩来精神、叶嘉莹先生的诗话人生、广西文化名人和丰饶物产融入其中，从小切口展现中华诗词的魅力，启发学生以诗教精神陶铸理想信念，用诗词文化温润乡土生活。在江西新干县逸夫小学，实践队成员朱可辛、朱雅茗聚焦当地诗词文化资源，以岳飞点将台旧址为切入口，生动地讲述了南宋名将岳飞精忠报国的事迹，带领小学生领会《满江红·怒发冲冠》的壮志豪情，以诗教精神沁润心灵，筑牢爱国主义信仰。在江西安福县平都第一小学暨孔子学堂，实践队成员齐珊、唐浩博开展"诗教绵绵润乡土，庐陵文脉赋新能"主题宣讲，传播叶嘉莹先生的诗教理念，展现庐陵诗词文化的深厚底蕴，开启诗词研学之旅。在河南洛阳市涧西区青岛路一社区，实践队成员王怡蓉、刘蓉为社区的中小学生带来了一堂生动有趣的诗词课，以《后出塞五首（其二）》《遣兴五首（其五）》《忆洛下故居》《母别子》等诗为切入口，将诗人杜甫与白居易的洛阳情缘娓娓道来，展现了洛阳古城的文化底蕴，实践队还向小朋友们赠送了写有寄语的南开大学明信片，鼓励小朋友们树立"为中华之崛起而读书"的远大抱负。在山西宁武县高级中学，实践队成员曹晶晶、钱麒丞等人为中学生带来了《千春犹待发华滋——品读叶嘉莹先生作品》诗词宣讲，播放叶先生讲诗资源片、南开大学宣传片，为即将进入大学的高中生们播下一个莲子梦，滋润一颗爱诗心。在山西省宁武县新堡小学，实践队成员程于晴、苏佳茗等人为留守儿童带来"山西古建筑中的诗词文化"课程，将山西古建筑引入诗词，让孩子们在领略古人建筑之智慧与力量的同时，感受诗词的清韵风骨，实践队成员还与孩子们现场结对帮扶，发起"每月一次线上伴读、每学期一次书信交流、每年一次线下教学"的伴读计划，建立长期书信往来机制，交流诗词学习情况。从学习诗词到讲授诗词，从学生到老师的角色转换，同学们在实践中秉承"知中国，服务中国"的南开传统，以实际行动为诗教传承、乡村振兴贡献青春力量。

（三）用智"创"——文学艺术竞逐风采，创智赋能乡村振兴

不忘本来才能开辟未来，善于继承才能更好创新。中华优秀传统文化是中华文明的智慧结晶，面对风云激荡的国际形势和高速发展的技术变革，必须坚持文化的传承与创新，推动中华优秀传统文化创造性转化、创新性发展。文学院 2023 级本科生党支部成立党建创新小组，鼓励同学们关注各类创新竞赛信息，在社会实践的基础上深入展开调研，积极推动实践成果的创新转化。

学生在诗词课上展示

在江西吉水县杨万里诗画小镇，实践队成员张采绚、齐珊等人聚焦小镇的诗词文旅特色和客流量少的经营痛点，面向小学生群体发布1000余份调查问卷，结合儿童诗词教育现状，共同探索以诚斋诗词为核心的文化创意方案，设计出一本集故事讲述、手绘填色、诗词打卡为一体的儿童诗教启蒙绘本《杨万里和他的"朋友们"》。绘本集新颖性、趣味性、教育性于一体，能够使小学生在沉浸式体验中实现"诗教润乡土"。目前，该创意方案已被当地镇政府采纳，实践队将其申报第四届全国"创青春"乡村振兴大赛（乡村产业创意类）。

在广西天等县海亮高级中学，实践队成员曾韦薇、蔡雅怡等人在开展支教活动期间，有感于县中语文教育塌陷的困境，面向全校学生发出调研问卷，了解中学生的诗词教育现状，从设计诗词精品课程、诗词美育文化墙、本土诗词文创产品等角度，向当地镇政府、学校提出"桂韵乡情，诗润天等——天等诗词文化建设赋能乡村振兴"帮扶方案，获得大力支持，目前该方案也在积极申报第四届全国"创青春"乡村振兴大赛（乡村人文公益类）。

《杨万里和他的"朋友们"》绘本

在天津市西青区第六埠村，实践队成员张采绚、李瑞梓等人参加"牢记殷殷嘱托 共绘和美六埠"青年墙绘设计大赛，以乡村振兴为主题，用画笔讲述六埠故事，展现乡土情怀。从确定主题、设计草图到绘制墙面，同学们历经五天的高温天气，顺利完成比赛，墙绘作品《一代人有一代人的长征》荣获三等奖，得到当地村民的广泛好评。

在山东省莱阳市，实践队成员贾小琛、田佳吆等人参观莱阳富草堂梨文化博物馆，走进综合展销中心和农家庄园，充分挖掘地域民俗文化，为当地特色农产品莱阳梨设计品牌 LOGO 及系列 IP 形象，拍摄产品宣传片，将地方文化资源融入产业创新，用文创设计为乡村振兴赋能。创新引领发展，同学们在一次次创新尝试中锻炼了专业能力，增强了文化自觉，更加坚定了文化自信和责任担当。

同学们在墙绘作品前合影

三、经验启示

一是充分发挥党支部的战斗堡垒作用，深化党班团一体化建设。本科新生党员人数少，入党申请人数量庞大。对本科生而言，如果能够早日入党，既是实现自身政治信仰的执着追求，也是党组织对自身现实表现的认可与肯定。通过党团共建开展活动，党支部能够充分关注和吸纳入党申请人参与活动，不仅能够提升活动的参与度和实效性，也使入党申请人在党组织中进一步增强使命感和归属感。

二是深入了解"05 后"青年的思想行为特点，建立信任的师生关系。"05 后"作为"数字土著"一代，在社交网络和现实生活中行为反差大，思维活跃，个性十足，关注自我。教师在与"05 后"交往过程中，必须关注和尊重每个学生的独特性，通过自身言行和实际行动，展现真诚积极的专业素养，成为学生可信赖的沟通对象，从而建立信任的师生关系。

三是立足学生兴趣和专业特色，打造高质量、多层次的育人课堂。"05 后"进入大学，对于未来的发展规划有更加多元化的选择。在育人环节中，应打通第一、二课堂，持续深化"三全"育人、"五育"并举，引导学生拓宽视野，将专业知识与具体实践相结合，培养创新思维和"公能"品格，让文化传承发展成为学生的自觉使命。

四、深入思考

（一）传承中华优秀传统文化如何成为个人自觉

中华优秀传统文化博大精深，源远流长。在全球化和数字浪潮的席卷下，国外文化输出和意识形态输出对青年的影响更加广泛。"饭圈"文化、二次元文化等成为当下部分"05 后"青年追捧的对象。如何让传承中华优秀传统文化成为青年的自觉使命，是当下文化传承发展中必须面对的现实挑战。针对这一挑战，学院通过多种途径大力推广中华优秀传统文化，将优秀传统文化元素融入课堂教学、校园文化、社区文化、社会实践等各个环节，让青年在潜移默化中感受中华优秀传统文化的魅力，深刻理解中华优秀传统文化的历史价值，增强文化自信。在传播方式和传播载体上，应顺应时代发展潮流，主动求变，贴近青年的需求，结合科技手段对传统文化进行创造性转化和创新性发展，打造具有中国元素的文化 IP 热点，引导更多青年主动关注、自觉成为中华优秀传统文化的传承者，着力提升中华文化的传播力和影响力。

（二）如何激发青年的文化创新活力

青年是文化传承和发展的生力军，青年的文化创新活力关系着社会进步和文化繁荣。激发青年的文化创新活力，首先要为青年提供丰厚的资源土壤。党的二十大报告强调，"教育、科技、人才是全面建设社会主义现代化国家的基础性、战略性支撑"。教育是基础,科技是关键,人才是根本,教育、科技、人才的发展水平决定了国家的创新发展能力,只有不断深化教育、科技、人才三位一体的融合发展路径,深入实施科教兴国战略、人才强国战略、创新驱动发展战略,才能为创新提供发展动力,不断激发整个社会的文化创新活力。

(翟洋洋,南开大学文学院)

运用老战士口述史深化新时代高校爱国主义教育的实践探索

引　言

2017 年 9 月 23 日，习近平总书记给南开大学 8 名新入伍大学生的回信中写道："你们响应祖国召唤参军入伍，把爱国之心化为报国之行，为广大有志青年树立了新的榜样。"2019 年 1 月 17 日，习近平总书记在南开大学视察时指出："南开大学具有光荣的爱国主义传统，这是南开的魂。"一直以来，南开大学武装部牢记习近平总书记的殷切嘱托，在军事技能训练、征兵宣传、军事理论课教学改革创新等环节充分运用老战士口述事迹的爱国主义教育资源，加强和改进新时代高校国防教育工作，探索出通过老战士口述深化新时代弘扬爱国主义教育的实践路径。

一、背景介绍

为缅怀革命先烈，厚植爱国情怀，深入贯彻习近平强军思想，同时加强高校大学生的国防意识和军事素养，南开大学武装部持续推动国防教育改革创新。武装部在加强高校军事技能训练、军事理论课、征兵宣传等工作的同时，不断拓展国防教育的形式，多次邀请退役大学生士兵登上讲台讲述自己的军营故事，主动联合校外单位分批次进行口述史采录，激活国防教育的老战士口述资源。运用真实动人的故事，生动典型的声音，投身报国的精神，激励一批批高校大学生关心国防、热爱国防、建设国防、保卫国防，乃至携笔从戎，强军报国，彰显新时代南开人立志把小我融入大我，胸怀祖国、爱国报国的"公能"情怀。

二、具体做法

（一）开展访谈沉浸式教学并采录珍贵口述史教学资料

口述史是一种搜集历史资料的途径，以笔录、录音、录影等形式记录历史事件当事人或目击者的回忆。这些材料不仅可以作为珍贵史料长期保存，还能用于教学、宣传教育。南开大学武装部访谈抗日战争、解放战争、抗美援朝等老战士，形成完整的口述史访谈材料。访谈内容既包括对受访者的基本信息、参与各种战役的具体经历、对战争的感悟及其对后代的教育意义，又包括举行各式的老兵恳谈会、退伍学子国防育人实践进行强国强军的爱国主义教育活动。如在以抗美援朝精神为核心采访老战士的活动中，武装部教师指导学生通过实地沉浸式采访老兵，结合田野调查和口述史访谈，了解抗美援朝精神的形成与发展，这样的口述采录过程是一种高校大学生的国防教育，也是对军事资料的抢救性收集整理；举行"8 名入伍学子退役复学暨欢送 16 名新兵光荣参军座谈会""退役复学学生回校座谈""永远是个兵，强国责任重——纪念中国人民解放军建军 97 周年恳谈会"，通过与老兵面对面沟通交流，学生得以置身历史情境，感受战争年代、军营生活的艰苦，感悟英雄事迹和爱国主义情怀的真实力量。访谈活动让学生从亲历者的角度感受历史的温度，增强他们对国家历史的深刻理解与认同感，学习军兵事迹，发扬伟大爱国主义精神。

（二）实现口述史资料与课程教学结合进行教学模式创新

南开大学深化拓展课堂教学在国防教育和军事素质培养中的主渠道作用，设置"军事理论""军事技能"两门学校公共必修课，同步开设"国防动员理论与实践"等 5 门国防教育类公共选修课，完善军事课程体系。作为课堂教学改革创新的重要举措，老战士口述史材料被广泛应用于军事理论必修课和军事类通识选修课。教师可以通过在课堂上展示访谈视频、口述史文本，鼓励学生在课堂讨论、作业或研究中进行分析，帮助学生从多角度理解抗美援朝精神等。教师还可以通过口述史引导学生进行辩证思考，提升学生的历史认知和爱国主义情怀。

学生正在进行口述史采集

在教学中，口述史材料的运用能够使学生在真实情境中感悟红色精神的育人作用，激发其爱国主义情感。如在退休干部和烈士遗属代表的座谈发言中，相关发言人介绍了个人的工作经历和烈士的英雄事迹，向年轻一辈展现了他们身上崇高而又坚定的爱国主义精神。南开大学武装部充分发挥退役复学学生中党员骨干的示范引领作用，成立爱国强军宣讲团、薪火志愿服务队、强身铸魂训练营，一批批聆听过当过兵的学长学姐讲述军营故事的南开学子投笔从戎走进了军营这座大熔炉，他们以榜样之力动员更多优秀南开学子把青春挥洒在强军征途上。

（三）推动口述史资源的转化与多元化呈现进行国防教育

南开大学武装部将口述史成果进一步整理开发，进行推广应用，将老兵口述史资料转化为包括视频、纪录片、文字报道等多种教育资源，形成系统的军事大百科、抗美援朝精神等教育素材，目前已经广泛运用到了南开大学军事技能训练课程，获得了学生们的热烈反响。目前南开大学武装部正在爱国主义教育和国防教育中进一步推广口述史成果，基于访谈材料撰写专题论文，参与学术论坛交流，或在期刊发表；同时，将口述史访谈成果编写成小册子、科普书籍，整合剪辑音视频材料，制作新媒体公益宣传，打造常态化的教学资源。

老战士口述史资源的多元化呈现可以进一步统筹推进大中小学国防教育一体化建设。南开大学武装部在举办国防教育大中小学一体化活动中充分利用老战士口述资料，进一步引导大中小学生，了解国防知识，学习军事技能；并以此为契机，致力于探索大中小学国防教育一体化的有效实践方式，继续推动国防教育走深走实，全方位提升国防教育水平，让国防教育深入人心，激励广大师生结合所学知识用实际行动为国防建设事业作出贡献。

三、特色亮点

（一）增加学生的沉浸式与互动性体验

通过抗美援朝老兵的口述史资料，学生可以接触到有关战争的真实记忆，增进理解，并激发自身主动学习和反思的能力。以沉浸式教学、实践教学和口述史访谈等方式，多元化呈现爱国主义教育，能够激发学生自主学习的热情。口述史不局限于课堂材料，更结合军事理论课程、通识课程及实践活动，成为多元化的教学工具，提升课程的深度和感染力。

（二）抢救与传承珍贵的历史资源

南开大学武装部已经与河东第三干休所建立共建联系，经常举行"老战士"口述的相关活动，通过对老兵的访谈，及时记录和保存宝贵的红色文化资源，为未来的教育提供持续的素材支持。通过积累老战士口述资源，南开大学武装部将口述史访谈形成的多媒体资料推广到校园内外，以学术论文、影视作品、新媒体材料等形式，扩大国防教育的社会影响力，推动爱国主义教育深入人心。

老兵座谈会

（三）建立健全一体化国防教育

南开大学武装部主动与天津警备区等相关单位协调沟通，建立健全校外协作、校内协同的工作机制，形成国防教育强大合力；充分运用退伍老兵、老战士这一典型群体，讲好从军报国的南开新故事，发挥典型示范引领作用；通过聘请优秀退伍学生担任校园征兵形象大使，参与军委国防动员部2019年大学生征兵公益宣传片录制，让同学们感受到身边榜样的感召，凝聚起传承南开爱国情的共识和力量。

四、成效影响

（一）丰富国防教育资料，提升爱国主义情感

口述史资料为国防教育提供了丰富的、鲜活的历史素材，解决了

以往史料匮乏的问题，为历史研究和教育提供了坚实的支持。通过与老兵的直接交流，学生深刻体会到革命前辈的爱国精神，激发了自身强烈的民族自豪感与责任感。近年来，南开大学武装部借助口述素材组织国防教育进校园机制日益完善，实现多渠道多形式开展国防教育活动，带领学生近距离感受中国军人的光荣历史和新时代使命与担当。

（二）提高国防教育实效，增强学生实践能力

教师指导学生完成口述史采录、老兵座谈、社会实践，通过实践与理论相结合的教学模式，学生不仅能够参与到口述史的整个制作过程，还可以通过主题党日活动、社会实践等多种形式，提升课程的吸引力与教育意义。通过口述史访谈和社会实践，学生不仅掌握了实践技能，而且加深了对历史事件的真实理解，形成了较强的历史责任感和社会责任感。

（三）扩大国防教育与爱国主义教育辐射作用

通过多种渠道的推广，老兵的口述史材料不仅在课堂上发挥作用，还在社会教育中扩大了传播范围，成为新时代爱国主义教育的重要资料。通过收集整理参战老兵的口述史资料，南开大学武装部积累了丰富的红色教育资源，这些资源不仅用于课堂教学，还通过多种媒体进行推广，扩大了爱国主义教育的社会影响力。

五、启示思考

南开大学多年来始终把以爱国主义为核心的国防教育作为新生"开学第一课"。南开大学武装部以百年校史为生动教材，进一步挖掘历史文化资源，打造点、线、面结合，精、气、神凝聚的爱国主义教育基地。

未来，南开大学武装部将继续注重讲好课堂内外的国防教育，把口述史采录成果引入军事类课程和国防教育课程，运用好老战士口述的国防教育资料，通过将口述史资料引入军事类课程和国防教育课程，为高校提供理论与实践相结合的创新路径，助力新时代爱国主义

教育的深入发展；借助全民国防教育日、中国人民抗日战争胜利纪念日、烈士纪念日等重要节点，开展系列爱国主义教育活动，继续在高校国防教育、大学生征兵动员中发挥示范作用，在持续推进国防教育工作改革创新中讲好南开大学爱国兴军的故事。通过实践探索，南开大学武装部将理论与实践相结合，利用口述史丰富教学资源，打造更具活力和感染力的国防教学体系，在新时代爱国主义教育的深入开展中树立标杆。

（曹波、张宏思，南开大学人民武装部、军事教研室；

贾辰庚，南开大学马克思主义学院）

在红色地标读懂党的初心

——材料学院"红色文化资源育人"实践案例

引　言

为深入学习贯彻党的二十大精神,认真落实习近平总书记视察南开大学重要讲话精神,领悟好、传承好、践行好南开爱国主义精神,材料科学与工程学院高度重视爱国主义教育,定期举办丰富多彩的思政教育活动,引领学生深刻理解国家历史与民族精神,在实践中积累了宝贵的教育经验。

一、背景情况

红色文化资源是中国共产党领导中国人民进行革命与建设时形成的宝贵财富。习近平总书记曾多次强调,要"用好红色资源,传承好红色基因,把红色江山世世代代传下去"。祖国广袤土地上的红色文化资源,见证了我们党波澜壮阔的奋斗历程与辉煌成就,是新时代中国共产党人的精神力量源泉,具有深远的历史价值、教育意义和纪念意义。合理开发和利用红色文化资源,不仅可以传承和弘扬革命精神,还可以推动红色旅游产业的发展,促进革命老区的经济繁荣和文化繁荣。

天安门与人民英雄纪念碑,蕴含着深厚的历史文化底蕴,是首都的红色文化地标,也是全国各地学校开展研学活动的重要目的地。深度挖掘红色地标的精髓与价值,有利于筑牢学生精神基石,传承红色基因。

国家博物馆与故宫博物院，是中华文化的璀璨瑰宝与红色历史的见证者，承载着厚重的历史记忆与民族精神。它们不仅是国家文化软实力的象征，也是广大学生学习红色资源、传承革命精神的宝贵课堂。在这里，学生可以近距离感悟历史脉络，感受革命先烈的英勇事迹与不屈精神，深刻理解红色文化的深远意义。

二、主要做法

（一）深挖掘——以史鉴今育人

传承红色基因，就是要以史鉴今育人。2023 年 11 月 1 日，材料科学与工程学院组织师生代表赴北京开展"允公允能担使命，爱党爱国铸忠诚"主题党日活动，先后前往天安门、人民英雄纪念碑、国家博物馆及故宫博物院参观学习。

在正式踏上探寻红色文化地标的研学之旅前，学院向学生们发起了学习号召，让学生们通过查阅文献、观看纪录片等方式，丰富自己的知识储备，形成对红色文化的多维度认知。此外，学院还组织召开集体党课，让学生分享自己对红色文化与精神的见解；开展"红色故事讲述者"计划，鼓励学生自主搜集整理红色故事，以演讲、话剧等形式展现，让红色文化在年轻一代中生动传承。

深入挖掘红色资源的文化内涵和历史价值，不仅能够让学生重温历史、了解红色故事，增强学生对党的历史和使命的深刻理解，更能够让学生深刻体会到"以史为鉴，可以知兴替"的哲理，进一步坚定走中国特色社会主义道路的信心和决心。

（二）亲体验——强化实践融入

传承红色基因，就是要强化实践融入。2023 年 11 月 1 日，主题党日活动当日，材料科学与工程学院师生登上天安门城楼观礼台，等待着五星红旗冉冉升起。日出东方，国旗护卫队迈着矫健的步伐，护卫着鲜艳的五星红旗入场。雄壮的国歌奏响，护旗手手把国旗，用力一挥，国旗缓缓升起，迎风飘展，师生们凝神静气，注目行礼，无不被这庄严肃穆的升旗仪式震撼。

师生们在天安门观礼台看升旗

升旗仪式结束后，师生们集体来到国家博物馆《复兴之路》展馆学习。《复兴之路》回顾了1840年鸦片战争以来，陷入半殖民地半封建社会的中国各阶层人民在屈辱苦难中奋起抗争，为实现民族复兴进行的种种探索，特别是中国共产党领导全国各族人民争取民族独立人民解放、国家富强人民幸福的光辉历程，充分展示历史和人民怎样选择了马克思主义、选择了中国共产党、选择了社会主义道路、选择了改革开放，充分展示了历史和人民为什么必须始终坚持高举中国特色社会主义伟大旗帜不动摇，坚持中国特色社会主义道路不动摇，坚持中国特色社会主义理论体系不动摇。

随后，师生集体走进故宫博物院，沿中轴线前行，从养心殿东暖阁卷起的黄纱帘中，追溯百年前中华民族内忧外患的历史沧桑；在欣赏紫禁城的青砖黛瓦和璀璨文物时，沉浸式感受中华优秀传统文化的辉煌成就。

师生们参观国家博物馆

实地探访红色地标，不仅是一次历史与文化的深度对话，更是党建教育模式的创新实践。本次活动还通过现代科技手段如 AR 导览、互动展览等形式，鲜活再现红色故事，这不仅深刻激发了在场师生的爱国情怀，还促进了红色基因在新时代的传承与发展。

（三）精领悟——升华情感认同

传承红色基因，就是要升华情感认同。参观活动结束后，全体师生在讲解员的讲解下，深入了解了人民英雄纪念碑与天安门城楼背后的故事与所体现的革命精神。随后，师生们还有幸观摩了国旗护卫队的收旗仪式，见证了国旗在庄严的仪式中缓缓降下的瞬间。

为深化此次参观学习的成果，学院与武警北京总队执勤一支队天安门城楼中队开展了座谈交流会。会上，双方就党建工作的开展情况进行了交流，分享彼此在党建领域的创新做法与成功经验，并就如何进一步加强党建工作、提升党员素质进行了讨论。此次座谈交流不仅增进了双方的了解与合作，也为推动党建工作的高质量发展提供了新的思路与方向。

此外，天安门城楼中队"红肩章"理论宣讲员作主题宣讲，讲述了自己担任理论讲解员期间的所见所闻、心得体会。在场人员纷纷表示，要把此次活动所体现的爱国主义精神，融入日常的学习、工作和生活中，让红色精神内化于心、外化于行。

三、经验启示

（一）建立常态化红色育人机制

高校肩负着培养未来社会栋梁的重任，不仅要传授给学生专业知识与技能，更要注重对学生思想品德的塑造与培养。建立常态化红色育人机制，将红色文化资源系统融入教育教学之中，有利于实现对学生的长效化思想政治教育。

此外，建立常态化红色育人机制还有助于促进校园文化的繁荣。举办红色文化节、红色诗歌朗诵会、红色影视作品展映等活动，将红色文化元素融入校园建设之中，可以营造浓厚的红色文化氛围。这种举措不仅能丰富学生的课余生活，还能增强学校的凝聚力和向心力，为培养合格的时代新人提供有力支撑。

（二）加大红色育人的宣传力度

加大红色育人的宣传力度，是提高红色文化资源教育效果的必然途径。高校应当秉持"全方位、多角度"的宣传策略，充分利用新媒体的强大影响力、传播力，打造多元融合的红色文化传播矩阵。

高校要深入挖掘红色文化资源的内涵与价值，构建线上线下相融合的立体宣传网络，通过多种传播渠道将红色故事与革命精神以更加生动、鲜活的方式呈现给广大学生，进一步激发红色文化资源的育人活力，为培养有理想、有本领、有担当的时代新人奠定坚实的思想基础。

（三）完善校地合作模式

目前，加强校地合作已经成为提升思想政治教育质量的重要途径。加强校地合作，有利于深入挖掘地方丰富的红色文化资源，并将其转变为生动的教学素材和育人资源。高校可以联合地方政府、红色教育基地、纪念馆等单位，合作开展红色文化教育活动，通过组织学生实地参观、组织学生志愿者等活动，让学生近距离感受红色文化的魅力，深刻理解革命精神的内涵。

同时，高校还可以利用自身的科研优势和人才资源，为地方红色文化的保护、传承与创新提供智力支持和技术保障。这种互利共赢的校地合作模式，可以促进红色文化资源的发展，也可以为高校的人才培养和社会服务提供广阔的空间。

四、深入思考

（一）将红色育人与大学生成长规律相结合

大学生正处于人生观、价值观形成的关键时期，不同发展阶段有不同的特点。高校开展思想政治教育活动时，必须深刻把握大学生的成长规律，将红色教育融入学生成长的不同阶段，让红色教育引领学生成长。

高校应将红色教育融入日常教学之中，结合大学生的认知特点与学习需求，设计丰富多彩的课程内容与教学活动，吸引学生兴趣，在寓教于乐中完成思政教育。高校还应建立科学的评价体系与激励机制，将红色教育的成果纳入学生综合素质评价体系，激励更多学生积极参与到红色教育活动中来。

（二）将红色育人与学科特色相结合

将"红色育人与学科特色相结合"，不仅是对红色文化传承的深刻践行，也是推动学科创新、培养复合型人才的重要路径，在丰富教学内容的同时，还能在潜移默化中引导学生树立正确的价值观。

高校要深入挖掘红色文化资源与学科知识的内在联系，通过跨学科的研究视角，将红色文化资源中的历史事件、人物事迹、革命精神等内容与学科知识结合，形成具有学科特色的教学内容。此外，高校也可将红色教育融入社会实践与服务中，组织专业实习与社会实践，引导学生将所学专业知识与红色文化资源结合，服务社会发展。

（三）将红色育人与前沿技术相结合

合理利用新技术是推动红色教育发展的关键一步。大数据、云计算、虚拟现实、增强现实等前沿技术的迅猛发展为红色资源的数字化、智能化提供了无限可能。例如，利用 VR 技术重现革命历史场景，能让学生亲身体验革命先烈的英勇；利用云计算平台整合红色教育资源，能够实现资源共享与个性化学习推荐，让学生找到适合自己的红色学习路径。

除此之外，打造红色智慧课堂也是进行红色育人的创新举措。教师可以运用多媒体教学设备、在线互动平台等工具，充分激发学生的学习兴趣与探索欲望，让学生在智慧课堂中领悟红色精神，传承爱国精神。

总之，将红色资源与大学生成长规律、学科特色及前沿技术相结合，是推动高校红色教育发展的重要举措，对传承红色基因、培养时代新人具有重要意义。

（杨晓颖，南开大学材料与工程学院）

在实践中探索打造红色资源育人新模式

——以国际教育学院和汉语言文化学院党委专职组织员导航站赴吉林长春开展"党建+"红色主题实践为例

引　言

为进一步提升学院红色资源育人的吸引力和扎实度，推动国际教育学院和汉语言文化学院党委专职组织员导航站"党建+"系列活动建设，2023 年暑期，国际教育学院和汉语言文化学院党委"启万里红色征程，忆党的峥嵘岁月"实践队前往吉林长春，开展了一系列内容丰富、形式多样的"党建+"红色资源育人活动。此活动以党史学习为基本形态、以传承文化为重要锚点、以调查研究为有力抓手，不仅加强了国际教育学院和汉语言文化学院党委专职组织员导航站红色资源育人内核的辐射力，更是国际教育学院和汉语言文化学院党委通过党建工作凝心聚力、形成政治引领成效的一次成功实践。习近平总书记多次强调用好红色资源。国际教育学院和汉语言文化学院党委专职组织员导航站持续打造"党建+"实践品牌，致力将红色资源用好、用活，为立德树人注入红色能量和新的内涵。

一、基本背景

为深入贯彻落实党的理论学习方针政策和学校党委理论学习工作部署，特别是习近平新时代中国特色社会主义思想，以及党中央、国务院《关于加强和改进高校思想政治工作的意见》等文件要求，国际教育学院和汉语言文化学院党委专职组织员导航站积极响应，立足政治理论学习，聚焦教育引导，夯实课程思政，形成新理论学习方案，打造红色资源育人新模式，开拓党建新境界。南开大学素有"知中国，服务中国"传统，已在全国建立 90 余个中国式现代化乡村工作站，2023 年 10 月，国际教育学院和汉语言文化学院党委与天津市蓟州区穿芳峪镇签约共建中国式现代化乡村工作站。在此背景下，国际教育学院和汉语言文化学院党委专职组织员导航站引导师生党员深入乡村、校园、企业、场馆，续写"知中国，服务中国"新篇章。

同时，国际教育学院和汉语言文化学院党委依托学院国际化视野和美育教育优势，以中华传统美育促进课程思政教育，加强爱国主义教育，取得显著成效。通过共建课程、工作坊、校外育人基地等形式，开展品牌课程思政、党建合作交流，探索美育建设方案，提升美育、思想政治和党建工作质量，带动留学生了解中国发展故事和辉煌历史，感受主旋律和社会主义核心价值观。

此外，南开大学国际教育学院和汉语言文化学院党委专职组织员导航站是南开大学第三批党建质量提升"对标争先"培育项目，目前已被推荐代表南开大学参评天津市新时代高校党建"领航工程"项目评选。导航站建设至今已选择天津蓟州区、吉林长春、江苏南京、江苏扬州等地为点位，开展红色资源育人项目，推动"党建+"实践常态化制度化发展。

二、主要做法

（一）"党建+党史学习"：考察红色基地，让爱国情怀"燃起来"

在导航站的精心组织下，实践队成员深入长春市多个红色教育基地，通过实地考察和亲身体验，共同领略东北抗联烽火岁月的厚重与辉煌，重温党的光辉历程。这一系列活动不仅增强了成员们的爱国情怀，还使成员们深刻理解了革命先烈的英勇与伟大。

实践队成员探访了伪满皇宫博物馆。伪满皇宫博物馆作为记录东北沦陷时期历史的重要场所，为实践队成员提供了丰富的历史素材。

在这里，成员们通过参观展览、观看影像资料，详细了解了伪满洲国的建立、发展和灭亡过程，深刻感受到那段屈辱历史给中华民族带来的沉重灾难。成员们纷纷表示，要铭记历史，勿忘国耻，珍惜今天的和平生活。成员们继而参观东北沦陷史陈列馆。东北沦陷史陈列馆通过大量的历史文物、图片和文献资料，再现了东北人民在沦陷期间的苦难生活和英勇抗争。实践队成员在参观过程中，被东北人民的顽强斗志和革命精神深深打动。他们表示，要继承和发扬这种精神，为实现中华民族的伟大复兴贡献自己的力量。

实践队成员还赴吉林省博物院参观了"破晓——吉林人民革命斗争史陈列展"。展览以丰富的历史资料和生动的展示方式，再现了吉林人民在党的领导下，从反帝反封建到抗日救国再到人民解放斗争的辉煌历程。成员们认真参观学习，进一步加深了对中国共产党初心和使命的认识，并深刻认识到"是历史和人民共同选择了中国共产党"的历史真理。成员们又赴长春市革命烈士陵园考察。在长春市革命烈士陵园，实践队成员站在长春解放纪念碑前肃立致敬，向为解放长春英勇献身的革命烈士致以崇高的敬意。成员们深知，正是这些先烈们的无私奉献和英勇牺牲，才换来了今天的和平与安宁。他们表示，要继承和发扬革命先烈的优良传统，为祖国的繁荣富强贡献自己的力量。

（二）"党建+传统文化"：立足学科优势，让文化传承"活起来"

国际教育学院和汉语言文化学院有"两脚踏中西文化，一心评宇宙文章"的学术特色和宏大视野。在国际教育学院和汉语言文化学院党委的有力引导下，导航站精心设计实践板块，打磨传统文化部分，选择重要文化传承教育基地吉林省博物院作为据点开展实践。作为吉林历史与文化的璀璨明珠，吉林省博物院不仅是展现地方悠久历史与深厚文化底蕴的重要窗口，更是中华优秀传统文化对外交流、走向世界的前沿阵地。师生党员以饱满的热情和求知的渴望，深入探索了这座文化宝库。

师生党员到吉林省非物质文化遗产展馆参观调研。进入吉林省非物质文化遗产展馆，实践队成员们被馆内展出的 62 件民族民俗类藏品深深吸引。通过传统技艺与现代展示技术的精妙结合，展区营造出沉浸式的文化体验，导航站带领成员穿越时空，亲历吉林这片黑土地上的古老风情与现代韵味，深刻感受到非物质文化遗产在传承与创新中焕发的勃勃生机，并表示将牢记学科使命责任，积极参与文化传承工作，"一心评宇宙文章"，为弘扬中华优秀传统文化贡献自己的力量。导航站又引导师生党员参观吉林省博物院藏古代陶瓷精品展。在此过程中，实践成员们领略了中华民族审美追求、艺术创造力与科学精神的完美结合。展览中的陶瓷艺术品不仅展示了中国陶瓷艺术的精湛技艺和独特魅力，还彰显了中国陶瓷艺术对世界文明的重要贡献。成员们表示，通过参观展览，他们对中华民族何以拥有"文化自信"有了更深刻和清晰的答案，也更加坚定了担当汉语学科使命、传承和弘扬中华优秀传统文化的信念。

（三）"党建+调查研究"：扎实基本功底，让求知之味"鲜起来"

在导航站的前期指导和规划下，实践队针对"长春红色文化继承发扬"这一课题开展了扎实的调查研究。实践队成员们精心打磨研究方式及过程，确保调研工作的科学性和有效性。

导航站在实践队成员走访红色文化学习基地过程中，对调研开展持续定期的督导。实践队成员走访了长春多个红色文化学习基地，包括革命纪念馆、烈士陵园等。通过实地考察、访谈当地居民和红色文化教育工作者，实践队成员深入了解了长春红色文化的丰富内涵和传承现状，对长春这座英雄的城市的红色文化有了更深刻的认识和理解，也更加坚定了传承和弘扬红色文化的信念和决心，为"党建+"系列实践提供新的抓手和能量。

在指导教师的引导下，实践队将调研结果整理为文本材料，让整个调研的过程形成闭环，指导教师对其提出了针对性强、可操作的建议和对策。在"加强红色文化资源的保护和利用""推动红色文化教育的普及和深入""加强红色文化旅游的开发和推广"三个重要议题上，师生进行了深入的讨论和研究。这些思考和成果为长春红色文化的传承和发展、弘扬和传播提供了有力支持和现实抓手，扎实了师生党员调查研究基本功。

三、形成经验

保证旗帜鲜明，以政治引领为根本。在本次红色资源育人实践中，导航站以严明的政治纪律为红色资源育人项目提供有力准绳，确保活动的政治方向正确。通过考察红色基地，实地感悟革命先烈的英勇与伟大，让爱国情怀在师生党员心中"燃起来"，增强师生党员的政治责任感和使命感。同时，导航站致力于将这种政治教育融入日常的党建工作中，确保每一位党员都能以先进理论武装头脑，保持清醒、坚定的政治立场。

立足学院特色，以文化传承为使命。结合南开大学京剧传承基地等学院已有的美育建设资源，导航站在红色资源育人实践期间积极推动导航站与当地文化机构的交流合作，共同开展美育实践课堂。通过参观吉林省非物质文化遗产展馆和古代陶瓷精品展，师生党员不仅领略了中华民族的艺术魅力，还深刻感受到了传统文化的深厚底蕴和独特价值。这种美育教育不仅丰富了师生党员文化生活，还为导航站为学院教学事业高质量发展提供了新的资源。

扎实调查研究，以了解国情为着眼点。导航站在红色资源育人实践中为师生党员提供了一个倾听社会声音、开阔思维眼界的宝贵机会。导航站积极推动师生党员与实践地的交流共建，通过实地考察、访谈实践地居民和红色文化教育工作者，深入了解红色文化资源的丰富内涵和传承现状。在此基础上，导航站组织党员进行深入的研讨和交流，形成了优质的调研报告，为进一步持续深化导航站红色资源育人提供了有益参考和有力支撑。

四、深入思考

通过本次实践活动，国际教育学院和汉语言文化学院党委专职组织员导航站成功探索了党建育人的新模式，增强了党史学习教育的实际效果。这一模式的探索和实践，不仅为国际教育学院和汉语言文化学院党建工作提供了新的思路和方法，还为培养具有坚定理想信念、良好党性修养和扎实专业知识的高素质人才奠定了坚实基础。

红色资源育人应将党建与党史学习相结合。通过将党建与党史学习相结合，导航站引领师生党员在参观红色教育基地、接受党性教育和红色洗礼的过程中，深刻理解了党的光辉历程和革命先烈的英勇事迹。这种结合方式不仅增强了师生党员的爱国情怀和党性修养，还提高了其对党史的认知水平和理解能力。

红色资源育人应将党建与传统文化相结合。通过将党建与传统文化相结合，师生党员在探索文化宝库、领略非物质文化遗产魅力的过程中，领悟学科使命责任，深刻感受到了中华优秀传统文化的博大精深和独特魅力。这种结合方式不仅增强了成员们的文化自信和民族自豪感，还激发了其以自身所学贡献学院学科建设、成果产出的热情和动力。

红色资源育人应将党建与调查研究相结合。通过将党建与调查研究相结合，师生党员在扎实开展调查研究、提出针对性建议的过程中，体会了人文社科专业的科研方法，扎实了调查研究基本功，领悟了"没有调查就没有发言权"的硬道理、真道理。导航站致力于提高学院师生党员的实践创新精神，和将所知所学转化为服务社会、贡献社会的真材实料的能力。

红色资源是中国共产党留下的宝贵精神遗产。国际教育学院和汉语言文化学院党委专职组织员导航站还将进一步开发红色资源育人的新路径，打造"党建+"品牌优势，继续深化党建育人工作，不断创新工作思路和方法，努力培养更多具有坚定理想信念、良好党性修养和扎实专业知识的高素质人才，为国际教育学院和汉语言文化学院党委党建工作高质量发展提供新的动力、培育新的势能。

（王居尚、李营，南开大学国际教育学院和汉语言文化学院）

长征红色文化赋能乡村振兴内在逻辑的案例分析

——以贵州省黔西市大关镇丘林村为例

引言

长征红色文化对乡村振兴发挥着独特的赋能作用，而赋能的实现逻辑仍待深入探究。通过对贵州省黔西市丘林村的实地调研，发现该村落立足于长征故事、红色设施和村民实践的资源禀赋，生动演绎了长征红色文化赋能乡村文化振兴、生态振兴和产业振兴的实现逻辑，为长征红色文化赋能乡村振兴的实现逻辑提供案例支撑。

一、背景情况

全面推进乡村振兴是实现中国式现代化的重要前提。习近平总书记在党的二十大报告中强调："加快建设农业强国,扎实推动乡村产业、人才、文化、生态、组织振兴。"①红色文化作为党在领导中国革命、建设和改革过程中留存的宝贵资源，是推动乡村"五个振兴"的重要助推器②。长征红色文化是红色文化的重要组成部分③，贵州省紧紧把握住自身长征红色文化资源的天然禀赋，开启长征国家文化公园的规划建设实践，打开了乡村振兴事业的新格局。在此背景下，长征红色文化何以赋能乡村振兴，成为一个亟待深入探讨的议题。

---

① 习近平. 高举中国特色社会主义伟大旗帜 为全面建设社会主义现代化国家而团结奋斗——在中国共产党第二十次全国代表大会上的报告[J]. 党建，2022，（11）：4-28.
② 郎方方. 红色文化赋能乡村振兴的内在逻辑研究[J]. 智慧农业导刊，2023（22）：162-165.
③ 韩洪泉. 红色文化视域下的四川与长征[J]. 长征学刊，2024（03）：1-14.

贵州省黔西市大关镇丘林村位于乌江上游鸭池河北岸，因苏联专家米丘林在修建鸭池河钢索桥时施以援助而得名。丘林村于 2020 年入选贵州省十大最美红军村落，于 2021 年获批全国红色美丽村庄建设示范点。凭借先天的长征红色文化资源优势，丘林村在 2022 年实现全村人均收入超过 1.5 万元和村集体经济增收达 10 万余元，尤其在文化振兴、生态振兴和产业振兴三个方面取得显著成就，为探讨长征红色文化赋能乡村振兴的内在逻辑提供了极具典型性和代表性的现实案例。

由此，笔者于 2023 年 7 月前往丘林村展开社会调研，与村支书、党校教育基地宣讲志愿者、文艺宣传员冯守琴及部分村民进行访谈，获得了一定的一手研究资料。在结合相关文献的基础上，试以丘林村为例，对长征红色文化的传承利用以及长征红色文化赋能乡村振兴的逻辑机制予以探析。

二、主要做法

作为一种具有中国特色和时代特征的历史资源，长征红色文化涵养着地方独特的精神气质，不仅体现在军民同心的感人故事和历史留存的红色遗址，更彰显于人们对其加以保护、传承、利用和发扬的主体实践，是乡村振兴和区域高质量发展的重要支点。

（一）精神动力：红色故事塑造丘林气质

长征红色故事作为内化于心和外显于行的精神动力，是长征红色文化赋能乡村振兴最能彰显村落气质的资源禀赋。1936 年 1 月，红二、红六军团按照中央军委指示西进贵州途经丘林村，水流湍急、山势险峻的鸭池河构成一个自然"天堑"，其既是障碍点，也是战略点。在贺龙的掩护之下，红军获得强渡鸭池河的良好战机。1936 年 2 月 1 日至 3 日，排长王绍南带领侦察队趁敌军防务虚空之机，在雨夜与泥泞中，以迅雷不及掩耳之势夹击敌人和寻船搭桥，保障大部队陆续渡河。渡河后，红军沿着垂直奇险的驮盐古道，翻过大小关隘口，抵达大关镇，在滥泥沟①打土豪除恶霸、开仓放盐和救济百姓。当地百姓意识到红军是一支不畏艰险、秉持正义、为贫苦大众谋福祉的队伍，50余名青壮年纷纷主动请缨支援革命，要求加入红军行列，投入到伟大的革命事业中。

习近平总书记指出："长征这一人类历史上的伟大壮举，留给我们最可宝贵的精神财富，就是中国共产党人和红军将士用生命和热血铸就的伟大长征精神。"②红军强渡鸭池河和开仓放盐救济百姓的故事具有极强的可读性，是丘林地方史中最为浓墨重彩的一笔，经人们口耳相传，深植百姓心中，潜移默化地影响着他们的所行、所思与所想。过去，因为信仰与梦想，红军披荆斩棘，越过重重艰险，蹚出胜利之路。而今，长征红色故事雕刻出了独特的丘林气质，成为助推乡村发展的根本精神源泉。当远眺急湍的鸭池水或攀登陡峭的驮盐古道，人们仍然能回忆起长征红色故事中的艰苦与荣光。当地的长征文化展馆讲解员激动地介绍道："每次我向游客讲解完红色故事，我都会以一句话作为结语：我们的长征红色文化远不止这些，我们将不断地发展长征红色文化，传承革命精神，让故事不再仅仅是过去的痕迹，也能成为当下前行的动力。"从其慷慨激昂的讲话中，我们也能感受到挖掘长征红色文化的重要价值。在乡村振兴乃至中国式现代化建设的征程上，积极提炼长征红色文化中凝聚的精神力量，具有极其深远的价值与意义。

（二）物质载体：设施建设营造红色空间

长征红色文化空间作为红色故事与长征精神的物质载体，是长征红色文化赋能乡村振兴最为直观和具象化的资源禀赋。长征红色文化存在于独特的空间场域，红色空间营造需要建构起红色物质景观空间、

---

① 当地地名。

② 习近平. 在纪念红军长征胜利八十周年大会上的讲话[J]. 中共党史研究，2016（10）：5-11.

红色文化符号空间和红色文化体验空间①，其中物质景观空间的打造是建立起红色三维空间并承载着长征红色文化符号与文化体验的基础。

长征红色景观空间的打造既需要立足于长征红色遗址基础，又离不开对红色基础设施的维系与建设。红军渡口、红军强渡鸭池河英雄纪念碑、红军泉、红军长征步道、红军井、古盐道等都是革命时期留存的长征红色文化资源遗址，每一个革命遗址都对应着一段壮丽传奇的长征故事。丘林村重点保护和维系原有革命遗址，打造出了"古渡铭石""碧水银滩""铁桥古韵""龛壁刻字""石栈天梯"等红色景观。在此基础上，丘林村利用县政府项目资金投入，建设了多个革命历史瞻仰点和红色文化实景教学点，规划修建沿河观光栈道3000米，为人们瞻仰原有革命遗址提供特定空间和绝佳视野。除此之外，丘林村还在村落中张贴出各种红色文化标牌，以文化标识打造出红色文化氛围，极大丰富了红色文化空间的内容建设。

（三）社会主体：村民实践凝聚红色力量

长征红色村落的村民作为塑造丘林气质和营造红色空间的社会主体，其日常实践是长征红色文化赋能乡村振兴最为鲜活与立体的资源禀赋。丘林村非常重视人才的培养，尤其是对乡土人才的开发利用，将人力资源开发作为三个乡村建设主题之一。长征红色文化内化为一种地方精神气质，外化于当地人的主体实践之中。

"幸福小院"是厚植村落红色文化和激发村民红色情怀的重要场所，对村民日常实践起着积极的引导和示范作用。目前，丘林村已建设出7家"幸福小院"，村民冯守琴家的小院是"幸福小院"的杰出代表之一。冯守琴经常组织村民到她家小院开院坝会，教村民唱自编的红色歌曲，向村民讲述长征故事，与村民们共同讨论丘林村的发展道路。感念党助力红色村落发展的好政策。她自创的《鸭池丘林美》《鸭

---

① 朱东国，马伟，张伟伟，等. 基于空间生产理论的红色旅游体验建构研究——以湖南伟人故里为例[J]. 旅游论坛，2021（06）：93-106.

池河七桥美》等歌曲以动人的笔触挖掘当地的长征红色文化底蕴，一句"丘林那个桃花满山红，红军那个路上果子香，红军那个路上奔小康"既唱响了红色村落魅力和红色长征精神，又唱出了改革开放以来家乡发生的美丽蝶变，凝聚起丘林村深刻的长征红色文化，激励着村民们不忘初心，牢记使命，为建设更美好的红色村落而努力奋斗。

三、经验启示

（一）文化振兴：精神凝聚促进内源发展

在乡村振兴战略中，丘林村依托深厚的长征红色文化底蕴，将其作为连接过去与未来的纽带，致力于构建一种深植人心的共同精神，以实现内源式发展①。

丘林村将红色文化作为核心元素，致力于加强文化教育和传播，以此作为推动乡村全面发展的关键。村里依托红色遗址与革命历史建立了红色教育基地，村民能够直观地了解和体验长征精神和革命传统，从而深化对本土红色文化的认识。村民的共同精神内核在这样的文化环境中得到了强化，他们更加积极更加自觉地投身于乡村振兴的各项事业中，从产业发展到生态保护，从村庄治理到公共服务，都展现出了前所未有的热情和活力。

丘林村坚持以村民为主体的发展策略，致力于激发和增强村民的自主发展能力。通过深化村民对本村红色文化和自然资源的认知，丘林村积极引导村民参与到乡村规划、决策和建设中，确保他们的利益和需求得到充分体现。以村民为中心的发展模式充分挖掘和利用了村民的潜力与智慧，为丘林村的可持续发展注入源源不断的活力。为提高村民的专业技能和文化素养，丘林村加强村民的教育培训，使他们

---

① 也称"内生发展"，2016年的一号文件《关于落实发展新理念加快农业现代化、实现全面小康目标的若干意见》和2017年的一号文件《中共中央、国务院关于深入推进农业供给侧结构性改革、加快培育农业农村发展新动能的若干意见》分别提出了"增强农村发展内生动力""激活农业农村内生发展动力"的要求。本文所指的"内源式发展"指激活乡村内部要素的同时建立与外部的链接以实现发展，实现乡村的自主获益。

成为乡村发展的积极参与者和有力推动者。同时，丘林村还注重发挥村民的创新精神和创造力，鼓励他们探索适应本地特色的新产业、新业态，从而形成具有地方特色的经济发展模式。以人为本促发展，丘林村坚定地走在内源式发展的道路上，正逐步构建起一个村民广泛参与、充满活力的乡村发展新局面。

（二）生态振兴：绿意生态映照红色文化

在丘林村，"生态振兴"不仅是一种发展理念，更是一种实践行动，它与红色文化深度融合，共同绘制出一幅生动的乡村发展图景。丘林村以多方位的生态振兴，为红色文化的繁荣提供了坚实的物质支撑和广阔的发展空间。村庄打造了长征国家文化公园，在红军渡口、红军泉、古盐道等历史遗址的修复与保护中提升基础设施的绿色标准。同时，村干部组织对村内道路、住宿和餐饮设施进行绿色改造，打造生态友好型基础设施。在生态振兴的过程中，丘林村积极组织村民参与生态保护和文化传承活动，让他们成为乡村振兴的积极参与者和直接受益者，为乡村的长期发展奠定了坚实的社会基础。丰富的红色历史和优美的自然风光共存，丘林村走在"红色+绿色"的生态发展之路上。

（三）产业振兴：红色基因激发产业融合

丘林村提出"红色+"模式，通过农业、文化和旅游业的深度融合，丘林村成功构建了一个多功能的产业模式，模式涵盖了观光、休闲、度假及娱乐等多个方面，形成了一个全域旅游策略，发展乡村全域旅游既契合乡村振兴的总体要求，又是助推乡村振兴的有效路径①。

1. 特色农业：红色文化铸品牌

丘林村利用地理和自然资源优势，发展了桃杏、林果、金丝菊等特色农产品，通过与红色文化的结合，它们被赋予了更深层次的文化意义和情感价值，这使得这些产品在同质化竞争激烈的市场中脱颖而出。特色农产品成为丘林村对外交流的一张亮丽名片，吸引了众多游

---

① 宋博，苑鑫，王杨. 基于共生理论的乡村全域旅游发展策略[J]. 山西经济管理干部学院学报，2023（4）：18-22，45.

客和商业伙伴的目光，促进了丘林村的经济发展，也为当地文化的传播和交流开辟了新的途径。丘林村的农产品，以其独特的品牌故事和文化内涵，成了连接过去与未来、传统与现代的桥梁。它们不仅代表了丘林村农业的繁荣，更是当地人民智慧和勤劳的象征。特色农产品在与红色文化的融合中，彰显了其文化交流与经济发展的双重价值，展示了丘林村独特的地域文化和发展潜力。

2. 党校教育基地：培育文化新动能

丘林村借助党校教育基地，深化了红色文化的教育与传播。通过开展一系列教育活动和培训课程，该村不仅强化了红色文化在社会教育和文化传承中的影响力，而且成功地将其打造成为培育和弘扬社会主义核心价值观的重要平台。中国工农红军来到贵州后，在党的带领下，政治军事格局发生了巨大改变，创造了灿烂的军事文化，形成了伟大的长征精神，这些都是宝贵的文化财富①。红色文化资源的融入，让党校教育更加生动和具体，以实物、实景、实例、实事为载体，能够增强教育的感染力和号召力。党教基地是一个可延伸的链条，依托红色文化资源，丘林村沿路开发打造了忠马岩、十步天梯等景点作为红色教育的现场教学点，与群众开办的农家乐、民宿等共同形成了新的产业体系，成了当地村民发家致富的"新引擎"。

3. 红色旅游商圈：产业发展新引擎

丘林村的红色旅游商圈提供深度体验服务，极大地丰富了游客的旅游体验。游客在这里不仅可以感受到红色文化的魅力，还可以体验到乡村的宁静和自然的美好。红色旅游商圈的发展进一步加速了乡村振兴的步伐，丘林村吸引了更多的游客来到乡村，带动当地的经济发展，提高农民的收入水平，促进当地的基础设施建设，提高农民的生活质量，这为丘林村的可持续发展提供了新的动力。红色旅游的发展也能够促进当地文化的传承和发展，提高丘林村的文化软实力，为丘

---

① 欧阳淞. 红军长征在贵州及其历史地位与文化价值[J]. 中共党史研究，2015（1）：30-34.

林村的可持续发展提供坚实的基础。红色旅游商圈的发展，带来了短期内可见的经济效益，也为丘林村的乡村振兴和可持续发展提供了新的机遇。

四、深入思考

丘林村，这片被长征精神深深滋养的土地，在乡村振兴的征途上焕发出勃勃生机。文化振兴的号角吹响，丘林村以红色文化为核心，凝聚起强大的内生动力；生态振兴的步伐坚实而有力，绿色发展的理念与红色文化的传承交相辉映，绘制出一幅生态宜居、文化繁荣的美丽乡村画卷；产业振兴更是让丘林村焕发出新的活力，"红色+"模式的创新实践开辟了经济发展的新路径。

丘林村的故事，是一曲乡村振兴的壮丽凯歌，是红色文化赋能发展的生动实践。这里的每一步发展，都凝聚着村民的智慧和汗水，都映射着长征精神的时代光芒。丘林村，这片中国大地上万千坚实的乡村土地的缩影，正以坚定的步伐走在新时代的长征路上。

（马伟华、杨洁莉，南开大学社会学院；文媛婷，

南开大学周恩来政府管理学院）

"走出去+引进来"双轨并行：穿越红色时空，绘梦爱国力行

——以南开大学经济学院"爱国力行"宣讲团为红色育人阵地

引　言

2021 年，南开大学经济学院成立经济学院"数说"宣讲团，结合数字经济与贸易的学科特色，以数字为依托解读社会发展热点，展现时代风貌。2023 年，在"数说"宣讲团的基础上，经济学院成立了"爱国力行"宣讲团。宣讲团自成立以来，在学校、学院党委的领导下，规范化开展宣传育人活动，全方位落实习近平总书记关于宣传思想文化工作的重要论述，引导学生在宣讲活动中深刻理解并践行社会主义核心价值观。

宣讲团深入挖掘校史院史中的爱国情怀与红色文化，向广大师生讲述爱国故事、分享爱国情怀，共开展主题宣讲活动 15 场、研发院史人物系列课程 3 节、举办首届院史人物主题宣讲比赛，在 30 个省区市的 282 所中学组织开展寒暑假返校"牢记嘱托担使命，爱国力行谱新篇"特色主题宣讲，覆盖学生近万人次，激励同学们将个人理想融入国家发展大局，以实际行动践行爱国主义精神，彰显了学院在推进思想政治教育创新、提升育人成效方面的积极探索。

一、背景情况

在中国革命、建设和改革的伟大历程中，红色文化作为中华民族宝贵的精神财富，始终激励着一代又一代中华儿女奋勇前行。南开大

学经济学院"爱国力行"宣讲团的成立，正是站在新的历史起点上对红色文化精神的传承与弘扬。面对新时代的召唤，宣讲团以红色文化为纽带，将爱国主义精神与实际行动紧密结合，旨在通过宣讲活动，让红色基因在青年学生中生根发芽，茁壮成长。

南开大学经济学院"爱国力行"宣讲团出征仪式

自成立以来，宣讲团规范化、系统化开展宣传育人工作，确保活动内容丰富、形式多样、效果显著。在特色活动方面，举办"巍巍南开百年梦，济济青年壮志情"主题宣讲比赛，为学生提供展示自我、抒发爱国情怀的舞台。选手们以饱满的热情、生动的语言，讲述着南开百年来的风雨历程与辉煌成就，表达着作为南开学子的自豪与担当。此外，宣讲团还开展了"秋风催种，思源致远"爱国主义教育新生游园会，通过趣味横生的宣讲与互动，让新生在轻松愉快的氛围中接受爱国主义教育，加深对南开精神的理解与认同。

习近平总书记关于宣传思想文化工作的重要论述，为新时代红色文化的传承与发展提供了根本遵循。"爱国力行"宣讲团深刻领会并贯彻落实习近平总书记的重要思想，将红色文化作为宣讲的核心内容之一，通过深入挖掘红色资源、讲述红色故事、传承红色基因，引导学生坚定理想信念，厚植爱国情怀，将个人理想融入国家和民族的发展大局之中。

二、主要做法

（一）"引进来"——搭建红色实践桥梁，践行青春爱国之旅

1. 开展青年理论学习，筑牢思想之基

宣讲团结合《经济学院史》等相关史实资料，研发经济学院院史人物系列课程。以史为鉴，从南开著名的"爱国三问"入手，回望历史，宣扬南开"知中国，服务中国"理念，积极推进经济学教学"中国化"、创造了举世闻名的南开指数的中国经济学教育奠基人何廉；坚持马列主义、潜心经济学说史研究的前辈季陶达；在国家需要之际毅然回祖国从事教育事业、笔耕不辍翻译完成《国富论》的先生杨敬年；在国家百废待兴之时，积极投身于国家急需且薄弱、短缺专业建设的老校长腾维藻；致力于南开经济学科的发展壮大、桃李满天下的老院长谷书堂……激发同学们爱党、爱国、爱社会主义、爱人民、爱学校的深厚情感，将爱国情、报国行自觉融入个人成长，奏响"爱国三问"时代强音。

2. 百年经济再启航，青年宣讲续华章

恰逢南开经济学科建立百年之际，宣讲团举办"巍巍南开百年梦，济济青年壮志情"主题宣讲比赛，带领同学们重温百年光辉岁月，诉说先辈们拳拳的爱国爱校之心，切实做到学史明理、学史增信、学史崇德、学史力行，理解作为新时代南开学子需要承担的使命与担当。借此机会加深同学们对于学院历史的了解，增强同学们的认同感、归属感和使命感，同时为同学们提供展现自我、突破自我的平台。通过第一、二课堂相结合，深刻感召着每一位南开学子追寻前辈荣光，赓续奋斗华章，以史育人、立德树人，为今后的思想宣传工作注入活力。

宣讲比赛颁奖典礼

3. 红色薪火相传，爱国情怀共筑

南开大学经济学院联合塘沽一中开展大中小学思想政治教育一体化活动，共有 160 余名塘沽一中师生来校参加。经济学院"爱国力行"宣讲团面向塘沽一中师生开展院史宣讲，将南开爱国精神融入宣讲内容，践行大中小学思政课一体化育人理念。宣讲团结合"南风追梦，启光育人"大中小学思政一体化"公能"素质培养实践进行宣讲分享，从实践中凝聚思政力量，在宣讲中为青年上好"行走的大思政课"，不断挖掘实践中的思政元素，教育引导学生成为让党放心、爱国奉献、担当民族复兴重任的时代新人，奋力书写为中国式现代化挺膺担当的青春篇章。

（二）"走出去"——深入挖掘红色资源，构建宣讲内容体系

1. 播撒红色种子，传递爱国热情

"爱国力行"宣讲团秉持爱国奋斗、公能日新的南开精神，组织学生利用寒假回访高中母校的契机，在 30 个省区市的 282 所中学，开展

"牢记嘱托担使命，爱国力行谱新篇"特色主题宣讲，共有 432 名经济学院本科生和研究生参与此次"爱国力行"宣讲。正值经济学科新百年新起点，在习近平总书记讲话精神指导下，宣讲团依托此次"爱国力行"宣讲活动，讲好南开爱国奋斗故事、讲好经济学科百年奋斗历程。通过讲述南开先辈的爱国事迹、分享经济学科在国家发展进程中的贡献与成就，激发学生对祖国未来的无限憧憬与热爱，鼓励大家将个人理想融入国家发展大局，以实际行动践行爱国主义精神。同时选取优秀宣讲队录制宣讲视频，通过线上平台进行广泛宣传，着力打造针对性更强、受众范围更广的宣讲内容，有效唱响爱国主义主旋律，有力推动爱国主义精神深入人心。

2. 创新宣讲形式，焕发红色活力

"爱国力行"宣讲团结合"三下乡"系列社会实践活动与经济学院"自贸试验区创新实践调研"团队，形成"三下乡彰显青春奋进，自贸区高举时代精神"主题微团课，通过讲述南开学子身体力行、躬身实践、担当使命的故事，培养同学们"生而逢盛世，青年当有为"的成才报国信念，鼓励同学们将爱国之情转化为报国之行，为国家和社会的发展贡献自己的力量。宣讲团走进社区开展志愿宣讲，弘扬南开文化，加强文化建设，积极发扬南开大学爱国主义教育基地的作用，厚植爱国主义精神，让南开声音走进千家万户。此外，宣讲团成员还积极参加南开大学党员微党课大赛与全国大学生讲思政课比赛，深入挖掘红色文化、党的历史以及经济学科中的思政元素，通过精心设计的教案、生动有趣的案例和深入浅出的讲解，将复杂的理论知识转化为学生易于理解和接受的内容，微党课最终获得"十佳微党课"与校级一等奖的好成绩，宣讲团将代表学校参加国赛。这一过程不仅锻炼了成员的表达能力，也在实践中不断锤炼其理论功底与综合能力，激励他们继续追求卓越，传递南开之声。

3. 紫蓝交融边疆筑梦，青春献礼爱国同行

经济学院"爱国力行"宣讲团与新疆出入境边防检查总站联合开

展"爱国力行，卫国戍边"国防教育实践，走向西北国门，续写"南开紫"与"移民蓝"共谱"中国红"的实践故事。宣讲团师生先后走访了新疆边检总站、阿勒泰边境管理支队及塔克什肯边检站、红山嘴边检等 15 个单位，沿着祖国西北之北的边境线与边检站等地警官座谈交流，在"蚊虫王国"科克托海警务站、三间房警务站等地体验巡边生活。通过宣讲，移民警察及护边员们也进一步了解了南开"爱国奋斗"的历史。经济学院与各单位达成友好合作意向，初步确立了国防教育实践方案及协同育人思路，未来将建立长期交流合作关系，为青年学子提供深刻的爱国主义教育课程。

三、经验启示

（一）"走出去"的实践探索

南开大学经济学院"爱国力行"宣讲团积极走出校园，深入边疆、革命老区等红色教育资源丰富的地区与居民社区，开展实地调研与宣讲活动。这一过程中，宣讲团成员不仅亲身体验了革命先烈的英勇事迹和艰苦卓绝的斗争历程，更将这份感动与敬仰转化为生动的宣讲内容，传递给更多的听众。这种"走出去"的实践探索，不仅拓宽了宣讲团的视野，也增强了宣讲内容的感染力和说服力，使爱国主义教育更加贴近实际、贴近生活、贴近群众。

（二）"引进来"的资源整合

在"走出去"的同时，南开大学经济学院"爱国力行"宣讲团也注重"引进来"，在结合挖掘红色历史资源的同时，联系中小学开展大中小学一体化思政教育活动，为师生们提供宝贵的精神食粮，激发大家的爱国热情和奋斗精神。此外，宣讲团还充分利用校内外的红色教育资源，如纪念馆、博物馆等，组织师生参观学习，加深对红色文化的理解和感悟。这种"引进来"的资源整合方式，有效丰富了爱国主义教育的形式和内容，提升了教育的针对性和实效性。

（三）"党建+思政+学科"的融合育人模式

"党建+思政+学科"的融合育人模式，使南开大学经济学院"爱国力行"宣讲团在红色育人方面取得了显著成效。

一方面，结合学科特点开展思政教育，"爱国力行"宣讲团充分利用经济学科的特色优势，将思政教育融入学科教学中，开展"中国经济：无惧挑战，从'新'开始"主题宣讲，带领同学们了解政府工作报告中的经济学知识，引导学生关注社会经济发展中的实际问题，将理论和实践相结合，培养他们的创新思维和实践能力；同时，也让学生深刻认识到经济学科在推动国家发展和社会进步中的重要作用。

另一方面，党建与思政教育促进学科发展，爱国力行宣讲团通过开展党史学习教育、党纪学习教育等活动，强化学生的政治素养和党性修养，提升学生的思想政治素养和社会责任感。在思政教育的引领下，学生们更加关注学科前沿动态和社会热点问题，积极参与科研创新和学术探讨，推动经济学院学科建设的不断发展和进步。

四、深入思考

（一）如何推进多管齐下的"红色阵地"建设

1. 丰富阵地形式，拓展教育平台

选取或改造部分教室为红色主题教室，通过布置图片、展板、资料等形式，营造出浓厚的红色文化氛围，让学生在上课的同时接受红色文化的熏陶。在学院走廊、楼梯间等公共场所设置红色文化长廊，展示党的光辉历史和革命先烈的英勇事迹，让学生在日常行走中感受红色文化的魅力。在学院图书馆或阅览室设立红色图书角，收集党的光辉历史、革命先烈事迹等相关书籍，供师生阅读借阅，拓宽师生的知识视野。依托微信公众号等新媒体平台，设置"红色文化"专栏，发布红色文章、视频等内容，方便师生随时随地进行学习。

2. 突出学科特色，创新活动形式

将经济学科的特色融入"红色阵地"建设中，如通过经济学视角解读党的历史、政策等，增强教育的针对性和实效性。定期举办红色主题演讲比赛、红色文化知识竞赛等活动，让学生在参与中深入了解红色文化，增强爱国情怀和革命精神。组织学生前往革命老区、红色教育基地等进行研学活动，通过实地考察、亲身体验等方式，加深对红色文化的理解和感悟。

3. 建设乡村工作站，开展红色宣讲教育

南开大学经济学院主动对接乡村振兴重大战略需求和光荣使命，依托已建立的 14 中国式现代化乡村工作站，发挥经济学科专业优势，动员师生力量投身乡村振兴伟业。经济学院宣讲团通过深入挖掘乡村地区的红色文化资源，加强红色教育基地建设，定期举办红色文化宣讲活动，传承红色文化、弘扬革命精神，结合"师生四同"社会实践，组织师生参与红色文化实践活动，让师生在亲身体验中感受革命先烈的英勇事迹和崇高精神，将知识课堂延伸到基层乡村，将育人空间拓展到祖国大地，广泛传播红色文化、南开精神，助力乡村文化振兴，为中国式现代化贡献南开力量。

（二）如何推进横纵交织的红色育人矩阵

1. 构建横向育人网络，加强资源整合与共享

加强与不同地区、不同学校、不同学院之间的合作，共同挖掘、整合红色教育资源，实现资源共享。通过联合举办红色教育活动、共享红色教育资源库等方式，形成跨区域的红色育人网络。将课堂教育与课外实践相结合，在课堂教学中融入红色文化元素，同时组织学生参与红色教育基地的参观、红色主题的社会实践活动等，让学生在实践中深化对红色文化的理解和认同。

2. 强化纵向育人体系，分层次、分阶段开展红色教育

针对本、硕、博不同学历阶段的学生制定差异化的红色教育计划，确保教育内容的针对性和实效性，引导学生将红色文化内化为自身的价值观和行动指南。建立长效教育机制，将红色教育纳入学校长期发展规划和年度工作计划中，确保有足够的经费投入和人力支持，建立

科学的评估体系定期对红色育人矩阵的实施效果进行评估和反馈。根据评估结果及时调整教育计划和方法手段，确保育人效果的持续性和有效性。

（颜季凌、张译丹，南开大学经济学院）

后　记

今年是中华人民共和国成立 75 周年，习近平总书记视察南开大学 5 周年，同时也是南开大学建校 105 周年，南开系列学校创建 120 周年，周恩来总理第三次回母校视察 65 周年，是南开大学文化建设的"大年"。《在薪火传承中彰显青春担当——南开大学弘扬红色文化时间与探索案例集》的出版，是我校学习贯彻习近平文化思想，落实《南开大学文化文明建设规划（2024—2029 年）》的生动体现。

爱国主义是南开的魂，百年南开赓续传承了百年文脉，也深厚积淀了"爱国奋斗 公能日新"的浓厚红色文化底蕴。本次新时代爱国主义教育暨弘扬红色文化典型案例征集，全校各单位大力支持，广大师生反响热烈，在此致以诚挚感谢！

本次征集的案例，既有立足理论，以党的创新理论弘扬传承红色基因的思考，也有着眼实践，以红色文化推进中国式现代化的分析，还有基于学科，以专业所长开展新时代爱国主义教育的探索……有着浓厚的学术色彩与现实关切，充分彰显了南开人坚持"两个结合"，知中国、服务中国的鲜明底色。

本书由南开大学党委宣传部组织编辑，梁琪、刘凤义等领导同志直接指导了该书的编纂工作，并审阅成稿。

因编者水平有限，难免有疏漏或不妥之处，敬请批评指正。

编者
2024 年 12 月